Alfred R. Stielau-Pallas

Märchenhafte Freiheit

Verlag PETER ERD · München

Umschlaggestaltung: Barbara Klauer
Foto: Alfred R. Stielau-Pallas

INHALTSVERZEICHNIS

... mehr als ein Vorwort   7

Das Märchen von der Schuld   9

Das Märchen von der Konkurrenz   24

Das Märchen von der übertragbaren Verantwortung   41

Das Märchen von der guten alten Zeit   54

Das Märchen von der Abhängigkeit und Unfreiheit   71

Das Märchen von der Unwürdigkeit   88

Das Märchen von der Macht des Wissens   101

... ein paar Gründe und Hintergründe   112

Mit allen guten Wünsche
für Sie,

herzlichst

H. R. [Unterschrift]

MEHR ALS EIN VORWORT

In einem Monat kommt die erste Seminargruppe deutscher Manager zu mir nach Neuseeland, um ein „Management by intuition"-Seminar zu besuchen.

1973 gab ich mein erstes Seminar in Deutschland für junge Führungskräfte. „Kreativitäts-Training" stand damals auf dem Plan. Natürlich kannte damals keiner den Unterschied zwischen Kreativität und Intuition, und auch heute reden viele von Intuition und meinen Kreativität.

Wie kann man Intuition trainieren? Nur wer sein Ego genau kennt, wird je eine Chance haben, Intuition nicht nur zufällig zu empfangen, sondern ein ständiger bewußter Kanal dieser schöpferischen Energie zu sein.

Und unser Ego ist vielseitiger als wir meist denken. Es schleicht sich durch die Hintertür wieder ein, kaum daß wir es durch den Haupteingang hinausgeworfen haben.

Ist Intuition überhaupt trainierbar? Diese und viele andere Fragen werde ich schon bald präzise zu beantworten haben.

Seit Jahren schiebe ich dieses Seminar als Höhepunkt meines Seminarsystems „DIE SPIELREGELN DES LEBENSER-FOLGS" vor mir her; denn ich fühlte mich bisher noch nicht reif dafür. „Zu feige, die Wahrheit zu sagen", ist meine Selbster-kenntnis. Doch jetzt ist die Zeit reif, Klartext zu machen, und so schreibe ich mir ein klares Konzept für die Voraussetzungen, das Ego auszubooten und sich der Intuition anzuvertrauen.

Fühlen auch Sie sich reif, ein Konzept zu lesen, das keine Hintertüren akzeptiert und alles von Ihnen abverlangt, ohne auf andere zu schauen?

Vielleicht lesen Sie dieses Buch öfter, vielleicht sogar sehr oft. Oder Sie werfen es in die Ecke, weil Sie es nicht verkraften können, zu hören, wie Sie Ihr Leben ohne „wenn" und „aber" in die eigenen Hände nehmen können.

Vielleicht werden Sie mich verfluchen oder schon bald in Neuseeland besuchen...

DAS MÄRCHEN VON DER SCHULD

„Ich weiß, daß Du nur das Beste für mich willst. Aber ich möchte nicht Dein Bestes, sondern mein Bestes!"

Ich bin heute reif, reif für eine Welt in Frieden und Harmonie!

Seit Jahrtausenden wollen alle das Beste für die anderen und hinterlassen nur einen immer größer werdenden Schutthaufen voller Hilflosigkeit und Schuldzuweisungen an die „anderen".

Für Tschernobyl tragen wir alle die Verantwortung und nicht nur „die Politiker"!

Wer hat schuld an Tschernobyl?

Die Politiker?

Die Politiker machen die Gesetze, die sie machen können, die das Volk zuläßt. Sie richten sich nach den Wählerstimmen und tun das, was sie tun müssen, um wiedergewählt zu werden. Tun sie es nicht, werden andere gewählt, die das tun, was dem Volk kurzfristig am besten gefällt. Sobald ihre Forderungen nicht populär sind, sind sie weg vom Fenster.

Also sind die Unternehmer schuld!

Die Unternehmer tun das, was dazu beiträgt, am Markt bestehen zu können. Sie produzieren, was verlangt wird und das zu einem Preis, der sich realisieren läßt. Und sie tun das, was die Gewerkschaften, die Politiker, die verschiedenen Verbraucher-Organisationen kurzfristig von ihnen erwarten: Arbeitsplätze erhalten, billiger produzieren, umweltbewußt produzieren, marktgerecht produzieren, investieren, expandieren...

Also sind die Multis schuld!

Wer sind aber die Multis – die Manager, die Aktionäre, die Vorstände?

Jeder sagt, daß er es nicht ist. Und wenn Sie es genau untersuchen, werden Sie auch keinen finden, der ein Multi ist! Wem gehört was?

Wer also hat schuld?

Keiner!

Es gibt keinen Schuldigen!

Wir hören immer nur, daß „die anderen" schuld haben, schon seit Jahrtausenden! Aber nun werde ich wach genug, um dieses Märchen nicht mehr zu glauben. Außerdem will ich keinen Schuldigen, sondern eine Welt, in der es wieder Freude macht zu leben! Ich begreife, daß ich keinen finden werde, wenn ich auf die Suche nach dem Schuldigen für die Atombombe gehe.

Der Präsident, die Regierung sagt: „Ich habe es so vorgefunden und kann nur das Beste daraus machen." Und das Beste ist genau das, was das Volk will und per Wahlschein zuläßt.

Die Generäle sagen: „Wir tun nur das, was für unser Volk gut ist und was der Präsident, die Regierung von uns erwartet."

Die Wissenschaftler sagen: „Wir tun das, was wir tun, in bester Absicht!"

Und das Volk sagt: „Es muß wohl so sein, aber wir haben auf jeden Fall keine Schuld!"

Die Hauptsache ist es, daß wir keine Schuld haben!

Wir machen uns überhaupt nichts daraus, daß wir auf der größten Müllhalde sitzen, die es je auf unserem Planeten gab, aber die Hauptsache ist: „Ich habe keine Schuld!"

Wer hat denn dann schuld?

Es ist sch...egal, wer schuld hat, Hauptsache ist nicht, wer schuld hat, sondern daß etwas getan wird, und zwar nicht von „den anderen", sondern von mir!

Wir suchen seit Jahrtausenden nur den Schuldigen für die Dinge, die uns in unserem Leben nicht gefallen und haben nie jemanden dafür gefunden. Aber bevor wir begreifen, daß es keinen Schuldigen gibt und es nicht unser Lebenszweck sein kann, den Schuldigen zu suchen, den wir auch in Zukunft niemals finden werden, bevor wir das begreifen, erzählen auch wir lieber unseren Kindern dieses Märchen, weil es für uns kurzfristig gesehen die angenehmste Lösung ist.

Aber unsere Kinder sind klug geworden und glauben uns dieses Märchen nicht mehr. Vor ein paar Jahren starb das Märchen vom Klapperstorch, dann das Märchen vom Schuldigen.

Unsere Kinder begreifen, daß es da einen interessanten Zusammenhang gibt:

Wenn ich anderen die Schuld gebe, gebe ich ihnen auch die Macht!

Und das ganze Geheimnis der Schuldigen besteht darin, daß es Menschen gibt, denen es nichts ausmacht, daß man ihnen die Schuld gibt; denn sie wissen erstens, daß sie keine Schuld haben und zweitens, daß sie damit auch die Macht übertragen bekommen!

Es geht nicht um Schuld oder Nichtschuld, sondern es geht um unser Leben!

Wir haben von klein auf gelernt, daß für alles, was ist oder nicht ist, ein Schuldiger verantwortlich ist. Vielen von uns wurde sogar glaubhaft gemacht, daß wir schuld daran haben, daß unsere Eltern heiraten mußten und dadurch ihre Freiheit verloren, daß sie einen Mann oder eine Frau heiraten mußten, der/die daran schuld ist, daß sie nicht das Leben leben können, das sie eigentlich wollten. Und wir laufen mit diesen Schuldgefühlen herum und suchen wieder einen Schuldigen, dem wir die Schuld oder einen Teil davon abgeben können.

Ansonsten hat der Krieg schuld gehabt, die Schulbildung, die Eltern, die Erziehung, die Umwelt und und und.

Und wir merken nicht, daß wir unser Leben verschenken, nur weil es uns wichtiger ist, einen Schuldigen zu suchen als ein lebenswertes Leben zu leben.

Unsere Kinder sind heute aufgeklärt genug, um zu begreifen, daß an diesem Märchen etwas faul ist. Aber sie haben noch nicht herausgefunden, was es ist, was da nicht stimmt. Deshalb machen sie genau den gleichen Fehler und demonstrieren...

Sie suchen nach dem Schuldigen, anstatt ihr Leben zu leben.

Es gibt keinen Schuldigen, das ist des Rätsels Lösung!

Und es gibt schon einige, die dieses Rätsel gelöst haben und ihr eigenes Spiel spielen. Sie vergeuden ihre Zeit und Energie nicht mehr mit der Suche, die seit Beginn der Menschheitsgeschichte aussichtslos ist, sondern haben begonnen, das Leben zu leben, was sie für lebenswert halten. Sie haben begonnen, die Verantwortung für das zu übernehmen, was in ihrem Leben geschieht. Die Verantwortung wohlgemerkt, nicht die Schuld; denn es gibt keinen Schuldigen, und er braucht auch nicht gesucht zu werden!

Ihr Verstand hat sich soweit entwickelt, daß sie begreifen, ein Leben geschenkt bekommen zu haben, ohne daß sie jemals Einfluß auf ihre Erbfaktoren oder Erziehung ausüben konnten.

Sie begreifen, daß sie Vor- und Nachteile haben und daß es nicht darum geht, besser als andere zu sein, sondern daß es darum geht, anders als andere zu sein.

Sie begreifen, daß jegliches Konkurrenzdenken der Steinzeit angehört und daß es heute wichtiger ist, gemeinsame Lösungen zu finden, die unseren Planeten am Überleben halten können.

Sie begreifen, daß es nicht erstrebenswert ist, Generaldirektor zu werden, sondern das zu tun, was den eigenen Anlagen am besten entspricht.

Sie begreifen, daß es völlig in Ordnung ist, als Müllmann sein Geld zu verdienen, wenn man damit glücklich sein kann. Und sie begreifen, daß es erstrebenswerter ist, ein erfüllter Mensch zu sein als ein nicht erfüllter Roboter, der sich nur nach den anderen richtet.

Und letztenendes begreifen sie, daß es nicht darum geht, etwas zu werden, sondern das zu sein, was zu sein man heute imstande ist, und daß Erfolg kein Punkt ist, den man irgendwann einmal erreicht, sondern eine Einstellung zu sich selbst, seinen Möglichkeiten und das, was man daraus macht.

„Das Märchen vom Schuldigen ist durchschaut, und wer noch länger daran glauben will, verpaßt sein Leben!" Das ist die Botschaft, die das neue Zeitalter uns vermitteln will. Es wird höchste Zeit, daß wir die Steinzeit verlassen und beginnen, unser Leben menschenwürdig zu gestalten.

In einem menschenwürdigen Leben hat die Suche nach der Schuld keinen Platz mehr; denn damit versklavt sich der Mensch selbst.

Er gibt anderen die Schuld und damit die Macht über sein Leben.

Er verbringt sein Leben mit der Suche nach dem Schuldigen, anstatt es mit der Suche nach Erfüllung zu verbringen.

Die Jugendsekten haben schuld!

Wir geben ihnen die Schuld und begreifen gar nicht, daß wir ihnen damit auch die Macht übergeben...

Die Medien haben schuld!

Wir geben ihnen die Schuld und begreifen gar nicht, daß wir ihnen damit auch die Macht übergeben...

Wir sind auf der Flucht. Auf der Flucht vor uns selbst, auf der Flucht davor, endlich das anzunehmen, was ist, um dann das Beste daraus zu machen!

Bevor wir Menschen das einfachste Fluggerät erfinden und bauen konnten, den Hängegleiterdrachen, mußten wir zuvor erst die kompliziertesten Fluggeräte bauen, die man sich vorstellen kann – vom Jumbo bis hin zur Saturn V.

Bevor das Windsurfbrett erfunden wurde, baute der Mensch die größten und kompliziertesten Schiffe vom Viermast-Segler bis hin zum Atom-U-Boot.

Und bevor wir die einfachste Lösung finden konnten, wie wir Menschen unser Leben in Frieden und Harmonie gestalten können, mußten wir erst in allen möglichen Formen erleben, wie es nicht geht.

Schon immer war die einfachste Lösung die beste, und schon immer hat es lange gedauert, diese Lösung zu finden.

Es gibt keinen Schuldigen!
   Wir brauchen keinen Schuldigen!
   Das ist die Lösung!

Alle großen Wissenschaftler, Philosophen und Denker haben spät in ihrem Leben erkannt:

„Je mehr ich weiß, um so mehr erkenne ich, daß ich nichts weiß!"

Aber wir rennen weiterhin dem Wissen nach in der Hoffnung, zu einem anderen Ergebnis zu kommen. Wir können zu keinem anderen Ergebnis kommen, denn wir gehen von falschen Voraussetzungen aus.

Wir gehen davon aus, daß die Ursache für alles in Erscheinung Getretene außerhalb unseres Einflusses liegt.

Tatsache ist aber, daß alles in Erscheinung Getretene nur die Auswirkung unserer Gedankenkräfte (die Summe unserer Gedanken, Gefühle und Vorstellungsbilder) ist.

Bevor die Atombombe war, war die Idee dazu.
Bevor die Umweltverschmutzung war, waren die Ideen, dies und jenes zu produzieren.
Und dann begann die Suche nach dem Schuldigen.
Damit vergeben wir die Macht, die Dinge zu ändern und akzeptieren sie – mit lautem Geschrei.

Der einzelne ist es, der die Dinge schafft oder abschafft, und einigen gelingt dies schon sehr gut. Sie leben ein Leben in innerem Frieden und in Harmonie mit sich und der Umwelt.

Es gibt kein „Besser"; kein besseres System, keine bessere Regierung, keine besseren Unternehmer, keine besseren Religionen! Es kann nur ein „Anders" geben. Jeder hat die Chance, dieses andere in sein Leben eintreten zu lassen, sobald es ihm wichtiger ist, sein Leben zu leben, als auf die Suche nach dem Schuldigen zu gehen.

So konnte Jesus bis heute nicht verstanden werden, wenn er sagte: „Vergib ihm 7 × 70mal"; denn er meinte damit: „Hör'auf, den Schuldigen zu suchen und lebe Dein eigenes Leben!"

Oder als er sagte: „Suche nicht den Splitter im Auge Deines Bruders, sonst wirst Du des eigenen Balkens in Deinem Auge nicht gewahr!" Auch das heißt nur: „Hör' auf, den Schuldigen zu suchen und lenke Deine Gedankenkräfte in die Richtung, in die Du Dein Leben lenken willst!"

Natürlich werden die Letzten die Ersten sein; denn sie beteiligen sich nicht an der Suche nach dem Schuldigen und vergeuden somit nicht ihre Zeit für das nicht Vorhandene!

Natürlich werden wir unseren Nächsten wie uns selbst lieben und akzeptieren können, wenn wir endlich aufhören, den Schuldigen zu suchen und damit beginnen, unsere Energie in die Richtung unserer gemeinsamen Ziele zu lenken.

Natürlich gehört das „Himmelreich" (innerer Frieden und Harmonie) den geistig Armen, weil sie nicht intellektuell genug sind, um täglich hundert Gründe zu finden, wer für was schuldig zu sprechen ist.

Es gibt keinen Schuldigen – weder für die Atom-Bombe, noch für die Umweltverschmutzung, aber es ist uns wichtiger, Recht zu haben und einen Schuldigen zu bestimmen (nicht zu finden) als unser Leben den jetzigen Gegebenheiten anzupassen und dann das Beste für uns daraus zu machen. Und wenn jeder sein Bestes daraus macht, ist das Beste gemacht. Und wenn jeder sagt: „Ich fange nur dann an, wenn alle mitmachen", werden wir weitere 70 × 700 Jahre warten müssen.

DAS MÄRCHEN VON DER KONKURRENZ

Vielleicht war es in grauer Vorzeit wirklich einmal angebracht, dem Konkurrenzdenken zu fröhnen, weil es nur wenig Nahrung gab, die mitunter sogar noch mit Tieren geteilt werden mußte. Und sicher gibt es heute Gebiete auf unserem Planeten, in denen es so wenig Nahrung gibt, daß es für die Bewohner darum geht, ob man selbst oder der Nachbar überlebt.

Für die Leser dieser Zeilen jedoch ist Konkurrenzdenken völlig unangebracht – ja, sogar existenzgefährdend.

Schon lange vor Beginn der Schulzeit bekommen wir eingetrichtert, daß wir besser, klüger, stärker, größer, erzogener, angepaßter, außergewöhnlicher sein sollen als andere und das alles möglichst noch, ohne dabei aufzufallen...!

Der Konkurrenzkampf läuft auf vollen Touren, und der „Numerus Klausus" scheint einer dieser Stilblüten im heutigen Leben zu sein. Da jagen die Abiturienten einem „Ziel" hinterher, das sie selbst nicht einmal als sinnvoll, geschweige denn motivierend betrachten, und fallen herein auf das Märchen von der Konkurrenz.

Sie begreifen nicht, daß die Konkurrenz nur deshalb zunimmt, weil jeder in dieselbe Richtung läuft und sich keine Minute Zeit dafür nimmt, darüber zu denken, ob die Richtung denn überhaupt seine Richtung ist!

Konkurrenz besteht, weil alle dieselbe Richtung eingeschlagen haben, weil alle dasselbe „Ziel" als das eigene erklärt haben.

Da gehen andere in den Konkurrenzkampf, Lehrer werden zu dürfen, um anschließend im Konkurrenzkampf zu stecken, Lehrer sein zu können!

Da gehen andere in den Konkurrenzkampf, Ärzte werden zu dürfen, um anschließend im Konkurrenzkampf zu stecken, Ärzte sein zu können.

Da sind zur selben Zeit Millionen arbeitslos und Hunderttausende werden dringendst gesucht.

Da werden in Europa und USA undenkbare Berge von Lebensmitteln vernichtet und in anderen Ländern dringendst gebraucht.

Und alles, weil wir meinen, es müßte so sein und – weil die Konkurrenz groß ist...

Jeder möchte gern einzigartig sein. Doch sobald er merkt, daß er damit anders ist als andere, bekommt er kalte Füße und verschwindet in der Masse, um sich erneut dem Konkurrenzdenken hinzugeben, anstatt die Chance wahrzunehmen und sich mit seiner Einzigartigkeit konkurrenzlos zu seiner Großartigkeit zu entfalten.

Nachdem wir wissen, daß es keine zwei Menschen mit genau denselben Fingerabdrücken gibt, wissen wir auch, daß jeder wirklich einmalig ist. Wenn schon die Fingerabdrücke unverwechselbar verschieden sind, wieviel mehr sind es dann unsere Persönlichkeitsstrukturen. 15 000 000 000 Gehirnzellen auf bis zu tausendfache Weise untereinander verknüpft – dies ermöglicht eine so große Vielfalt von verschiedenen Individuen, daß es lachhaft erscheint, sich dem Konkurrenzdenken hinzugeben und mit der Horde in eine Richtung zu laufen.

Unter den Volksschülern gibt es die meisten Selbständigen –
warum wohl?

Sicher auch, weil sie nicht ganz so lange durch die große
Gleichmacherei gepreßt wurden, in der jedem eingetrichtert
wird, was er kann und was er nicht kann, was er wert ist und was
er nicht wert ist, wie es geht und wie es nicht geht.

Theoretisch dürfte vieles nicht gehen, und theoretisch müßte
auch so manches schon lange funktionieren. Aber die Praxis
erfordert, daß der Faktor der vergehenden Zeit berücksichtigt
wird. So geht heute bereits vieles, was gestern noch nicht ging.
Und vieles von dem, was gestern funktionierte, funktioniert heute
halt nicht mehr.

Jeder ist jeden Tag ein neuer Mensch, und so gibt es inzwischen
jeden Tag über 5 Milliarden neue Menschen auf diesem
Planeten.

Jeden Tag gibt es völlig neue Möglichkeiten, Gesichtspunkte
und Chancen. Es liegt an uns, ob wir die Konkurrenz suchen
oder die Einmaligkeit.

Die Konkurrenz kann nur entstehen, wenn sich Menschen einreden, daß sich nichts ändert, daß alles so ist, wie es immer war, und daß sich auch morgen nichts ändern wird.

Sobald einer erkennt, daß das Gegenteil der Fall ist, schließen sich die Konkurrenten zusammen, belächeln ihn, wollen ihn zurückhalten, wenn er weiter auf seinem einmaligen Weg bleibt, um ihn dann zu bekämpfen und, wenn er zu sich und seiner Einmaligkeit gefunden hat, neidisch zu betrachten und Gründe zu suchen, warum er bessere Chancen hatte ...

Da plagen sich Väter das ganze Leben ab, um das Notdürftigste zu verdienen, weil sie etwas tun, was nicht sonderlich gefragt ist, und sind dann auch noch stolz, wenn zumindest der älteste Sohn in ihre Fußstapfen tritt.

Es ist völlig in Ordnung, mit einer künstlerischen, sozialen oder anderen Arbeit wenig Geld zu verdienen, wenn man damit zufrieden ist.

Der Unterschied besteht darin, ob man mit dem, was man tut, zufrieden ist und Erfüllung findet oder ob man sich ärgert, damit sein Geld verdienen zu müssen.

Und so kann ein Mensch, der mit Ressentiment seinen sozialen Dienst verrichtet, mit sich selbst weniger in Frieden und Harmonie sein als jemand, der voller Begeisterung seine Aufgabe wahrnimmt und Versicherungen verkauft oder etwas anderes „Banales" tut.

Der Unterschied liegt nicht in dem, was man tut, sondern mit welcher Einstellung man es tut.

Es geht darum, ob wir etwas tun, um Geld verdienen zu müssen, oder ob wir etwas tun, um unsere Aufgabe zu erfüllen.

Und wer seine Aufgabe erfüllt, erfüllt sie immer mit Hingabe, mit Überzeugung, mit Liebe und Begeisterung.

Wer dagegen nur Geld verdienen oder aus Egogründen eine „vornehme Pflicht" erfüllen will, sollte sich täglich fragen, ob er dies auch gern und mit Liebe, Begeisterung, Überzeugung und Hingabe tut.

Um ein System funktionieren zu lassen, ist es das Wichtigste, daß jeder seinen Platz einnimmt und das tut, was auf diesem Platz notwendig ist, um das System funktionieren zu lassen.

Die Natur regelt sich seit Jahrmillionen selbst, indem jede Pflanze ihre Aufgabe erfüllt und jedes Tier ebenfalls.

Vorübergehendes Ungleichgewicht wird wieder ausgeglichen, und die Entwicklung schreitet fort.

Neue Pflanzenarten entstehen, weil sie sich anpassen müssen, um zu überleben.
Neue Tierarten entstehen, weil sie sich anpassen müssen, um zu überleben.

Alles wird unsichtbar gesteuert von einer Intelligenz, die nicht nur vor grauer Vorzeit einmal alles erschuf und dann die Dinge sich selbst überließ, um sich schlafen zu legen, sondern nach wie vor in jedem Atom enthalten ist, um jegliches Leben und Sein nach wie vor mit unvorstellbarer Intelligenz zu lenken, am Leben zu erhalten und höher zu führen.

Kein ernstzunehmender Wissenschaftler geht heute noch davon aus, daß die Materie aus sich heraus entstanden ist.

Jeder Forscher muß spätestens heute erkennen, daß sich Intelligenz nicht aus Materie entwickeln kann, sondern daß die Materie in Form gegossene „Intelligenz" ist.

Die Atomphysik zeigt uns auf, daß bei der Spaltung des kleinsten Bausteins nicht Materie zum Vorschein kommt, sondern Energie.

Völlig gleich, was wir auch zerlegen, ob Gas oder Stahl, übrig bleibt zum Schluß ein Atom, das in sich reine Energie birgt.

Den meisten Platz in der Materie nimmt das Nichts ein. Unendlich große Zwischenräume liegen zwischen den Atomen. Ebenso unendlichen Raum gibt es innerhalb des Atoms zwischen dessen Kern und den ihn umkreisenden Elektronen. Die Materie besteht eigentlich aus einem Nichts, das durch konzentrierte Energie Form annehmen und halten kann.

Diese Erkenntnisse führen zu dem logischen Schluß, daß der Mensch in der Lage ist, seine Energie so konzentriert in eine Richtung zu lenken, daß er damit die Materie beeinflussen kann (Glaube kann Berge versetzen).

Damit muß nicht gemeint sein, daß es uns gelingen könnte, Materie direkt zu beeinflussen. Aber wir können einen indirekten Einfluß nehmen, indem wir eine Idee Schritt für Schritt mit ganz natürlichen Mitteln realisieren. Dies zu erreichen, ist auch völlig befriedigend; denn wer ist schon in der Lage, aus seinen Ideen Realität zu machen?!

Entscheidend ist, daß wir unsere Energie genügend konzentrieren und genau wissen, was uns wichtig ist.

Die meisten Menschen verbringen deshalb ein unbefriedigendes Leben, weil sie sich von situationsbedingten Vorteilen, Annehmlichkeiten und Wünschen ablenken lassen und dadurch ihre eigentlichen Ideen aus den Augen verlieren.

Allen Erfolgreichen ist die Fähigkeit gemeinsam, Unangenehmes sofort erledigen zu können.

Der heutige Durchschnittsmensch hingegen opfert seine Ideen stets der Bequemlichkeit und gibt den Dingen den Vorzug, die ihm momentane Besserung seiner Gefühlswelt bringen. Sobald andere jedoch sichtbare Resultate erzielen, schreit er diese Ungerechtigkeit laut in die Welt und bemerkt nicht einmal, daß er weitere unwiederbringliche Lebenszeit verplempert.

Energie zu haben, ist keine Frage der Möglichkeiten, die die Umwelt bietet, sondern eine Frage der Selbstdisziplin, die von jedem einzelnen erbracht werden kann. Und je mehr wir lernen, unsere Energie erfolgsgerichtet einzusetzen, um so mehr haben wir zur Verfügung; denn unsere Erfolgserlebnisse sind unsere stärksten Energiebringer.

Wenn wir den ganzen Tag ohne sichtbares Resultat gearbeitet haben, fühlen wir uns erschöpft. Wenn wir hingegen noch mehr arbeiten, aber ein stolzes Resultat vorweisen können, sind wir erfüllt.

Unsere Arbeit muß also einen Sinn haben, unsere Tätigkeit muß unsere Aufgabe sein, dann sind wir im Energiestrom. Wenn wir unsere Ideen realisieren können, dann haben wir das Gefühl, daß wir unser Leben mit Leben ausfüllen – es erleben.

Sobald der einzelne damit beginnt, sich seiner Einmaligkeit bewußt zu werden, erkennt er auch, daß jeder andere einmalig und einzigartig ist und daß es der Sinn dieser vielen Einmaligkeiten ist, einander zu ergänzen und sich gegenseitig zu fördern.

Mit dieser Erkenntnis geht dann meist auch die Erkenntnis einher, daß hinter dieser Vielseitigkeit eine alles lenkende Intelligenz steckt.

In allen Religionen der Welt gibt es den Begriff Sünde. Wie aber kann ein Mensch sündigen, wenn es keine Schuld gibt? Wie kann ein Mensch sündigen, wenn er null Einfluß auf seine Erbfaktoren und Umwelteinflüsse nehmen konnte, die ihn und seine Verhaltensweisen letzten Endes doch prägen?

Sünde kommt von dem Wort Sinde, was Trennung bedeutet. Die Trennung, das Sich-getrennt-fühlen von der Schöpfung, den anderen Lebewesen und dem Schöpfer selbst, ist die einzige Sünde, die der Mensch begehen kann. Jeder Verstoß gegen die Zehn Gebote ist nur ein Schaffen von Ursachen, deren Folgen wir selbst zu verantworten und auszubaden haben. Dies alles sind keine Sünden gegen den Schöpfer, sondern gegen uns selbst; denn wir müssen damit leben und handeln uns selbst die Auswirkungen ein.

Diese Zeilen wurden nicht zu Moses Zeiten, nicht vor 500 Jahren und nicht für Menschen geschrieben, die die Drohungen der Zehn Gebote noch brauchen.

Diese Zeilen wurden für Sie geschrieben, und Sie sind in Ihrer geistigen Entwicklung so weit fortgeschritten, daß Sie sie unmißverständlich richtig einordnen!

„Und die anderen?"

Die anderen bekommen das zu lesen und zu hören, was für deren Entwicklung das Richtige ist.

Der Konkurrenzkampf beginnt, wenn wir meinen, wir seien allein auf uns gestellt und müßten uns als ein von der Schöpfung allein gelassenes Individuum duchschlagen.

Wenn wir meinen, wir hätten uns aus uns selbst heraus geschaffen, wenn wir meinen, nur biologische Kinder unserer Eltern zu sein, dann beginnt der Daseinskampf. Und dieses Gefühl des Getrenntseins ist es, womit wir uns die Probleme einhandeln.

Nur weil die europäischen Länder nicht begreifen, daß sie auf ein und demselben Kontinent sind, konnte sich keine gemeinsame Regelung für die Abgaswerte der Autos finden.

Nur weil Frankreich nicht begreift, daß der Pazifik lediglich auf der anderen Seite des eigenen Planeten liegt, führt es dort Atombombentests durch.

Nur weil weder die USA noch die UdSSR begreifen, daß der Planet auf seiner Oberfläche zu Ende ist, halten sie es nicht für sonderlich wichtig abzurüsten.

Und nur weil wir nicht begreifen, daß jedes Kilo Fleisch, das wir essen, für die Menschen in den Entwicklungsländern 16 Kilo fehlendes Getreide bedeutet, haben wir unsere Probleme.

Wir begreifen immer noch nicht, daß wir Menschen eine große Familie sind, daß wir alle in einem Boot sitzen bzw. auf einem Planeten leben, von dessen Lebensfähigkeit auch unsere Lebensfähigkeit abhängt.

An meiner Bürotür hängt ein Foto, das während einer Appollo-Mission auf dem Flug zum Mond aufgenommen wurde. Es zeigt unseren blauen Planeten, der mitten im kohlrabenschwarzen Weltraum hängt. Die ersten deutschen Astronauten berichteten, daß der Weltraum das schwärzeste Schwarz ist, das es gibt.

Immer, wenn ich das Bild sehe, mache ich mir bewußt, an welchem Seidenfaden wir hängen und wie wichtig es ist, endlich zu begreifen, daß alle Lebewesen auf diesem Planeten eine große Gemeinschaft bilden, in der es sich heute keiner mehr erlauben kann, in Konkurrenz mit den anderen zu sein.

Konkurrenz belebt das Geschäft. Aber nur solange wir die Angstmotivation brauchen! Sind wir denn wirklich noch nicht soweit, auch dann unser Bestes zu geben, wenn keiner mit der Peitsche hinter uns steht?

Ein großer Teil unserer Jugend will sich selbst entfalten, sie wollen das tun, was sie als ihre Aufgabe ansehen, und nicht das, was schon seit Generationen so gemacht wurde, wie es noch heute gemacht wird.

Sie spüren, daß ungeahnte Kräfte in ihnen stecken und wehren sich dagegen, sich zu „Eunuchen kastrieren" zu lassen, nur um ein „gesichertes" Leben führen zu können.

Stattdessen sind sie gern bereit, auf vieles zu verzichten, was wir ihnen zu bieten haben, und wollen das Leben leben, was sie zu ihrer Großartigkeit führt und ihnen ihre Einmaligkeit bewußtmacht, ohne zu vergessen, daß wir alle irgendwo eins waren und eins sein werden und deshalb auch jetzt eins sein müssen.

DAS MÄRCHEN VON DER ÜBERTRAGBAREN VERANTWORTUNG

Seit Jahrtausenden glaubt die Menschheit an die Möglichkeit, anderen für eigene Handlungsweisen die Verantwortung übertragen zu können.

Und so ziehen nach wie vor Menschen in den Krieg und meinen, daß ihr General die Verantwortung für das übernimmt, was sie tun. Sie können ihm zwar die Schuld geben, aber nicht die Verantwortung.

Und es gibt keinen, der wirklich schuld hat, das wissen wir inzwischen.

Bisher ging die Menschheit davon aus, daß die Umwelt die Ursache ist und wir darauf zu reagieren haben, anstatt zu erkennen, daß wir mit unseren Gedanken die Ursache sind und uns damit unsere Umwelt schaffen. Alle großen Denker haben dies allerdings erkannt. Goethe und Schiller werden zwar in Deutschland auch heute noch verehrt, und wir müssen ihre Gedichte auswendig lernen, aber ihre wichtigsten Aussagen werden ignoriert oder nicht verstanden.

Unsere Gedanken sind die Ursache!

Und alles in Erscheinung Getretene ist die Auswirkung unseres Denkens.

Vor dem Auto war der Gedanke, etwas Dementsprechendes zu bauen.
  Vor dem Insulin war der Gedanke, so etwas zu benötigen.
  Vor der Kernspaltung war der Gedanke, so etwas tun zu können.

Vor jeder Tat ist der Gedanke.

Nur ein Mensch, der völlig unbewußt lebt, meint, daß die Dinge „plötzlich geschehen". Und er meint dies, weil er sich seines Denkens, seiner Gedanken nicht bewußt ist.

Der Ursprung der Dinge, der Umwelt, der eigenen Verhaltensweisen und der anderer ist also der Gedanke.

Wie kann da ein anderer Mensch die Verantwortung für mein Denken übernehmen?

Ich muß ihm mit meinen Gedanken zuvor die Möglichkeit gegeben haben, in mein Leben eingreifen zu können. Natürlich ist dies für die meisten Menschen noch heute nur eine These. Aber die Entwicklung auf unserem Planeten bringt es mit sich, daß immer mehr Menschen diese grundlegende Wahrheit erkennen und nutzen.

Der Ursprung aller Dinge ist der Gedanke, die Idee, oder besser noch der ausgesprochene Gedanke, das Wort.

Am Anfang war das Wort!

Wie soll es möglich sein, daß ein anderer Mensch die Verantwortung für mein Denken übernehmen will?

Wie könnte ich jemals die Verantwortung für die Gedanken anderer Menschen übernehmen?

Und das, was der andere erlebt, ist lediglich die Auswirkung seines Denkens!

Natürlich konnte dieses Wissen um den Ursprung aller Dinge von der Masse des Volkes nicht verstanden oder angenommen werden; denn unter der Machtherrschaft von Monarchen und Regimen ist es nicht lustig zu akzeptieren, daß wir nur das erleben können, was wir vorher gedacht haben.

Heute ist die Menschheit in unseren Breitengraden reif für diese Erkenntnis und erkennt darüber hinaus sogar die unendlich große Chance, das Leben in wirklicher Freiheit zu leben.

Das ist es, was die Jugend sucht, und ihr wurde nur immer wieder das Märchen von der Verantwortung erzählt.

Keiner kann jemals für einen anderen Menschen die Verantwortung übernehmen; denn jeder erlebt das, was er denkt. Und die gesamte Gedankenkraft ist die Summe unserer Gedanken, Gefühle und Vorstellungsbilder.

Wir ziehen also das in unser Leben, was die Summe unserer Gedanken, Gefühle und Vorstellungsbilder automatisch ergibt.

Wir brauchen keinen Schuldigen, wir brauchen nur selbstverantwortlich denkende Menschen, die begreifen, daß sie das ernten, was sie denken.

Haß zieht Haß an.
Vergeltung zieht Vergeltung an.
Schuld zieht Schuld an.
Mißerfolg zieht Mißerfolg an.
Liebe zieht Liebe an.
Vergebung zieht Vergebung an.
Erfolg zieht Erfolg an.

Gedanken haben die Tendenz, sich gegenseitig anzuziehen.

Gedanken wirken auf unseren Körper und können ihn krank machen oder heilen. Dies hat inzwischen jeder Mediziner erkannt.

Gedanken wirken auf unseren Gemütszustand. Ein positiver Gedanke und ein negativer Gedanke als Beispiele werden dies sofort bestätigen.

Gedanken wirken auf unsere Verhaltensweise. Jeder Verkäufer erlebt dies Tag für Tag in seiner Praxis und an seinem Geldbeutel.

Gedanken wirken über unsere Verhaltensweise auf die Verhaltensweise anderer. Ein Lächeln bringt ein Lächeln, und begeistertes Handeln ruft ebensolches hervor.

Gedanken wirken über die eigene Verhaltens- und Ausdrucksweise auf das Image, das wir uns schaffen. Und inwieweit wir mit unserem Image bereits die Umwelt formen, spüren wir täglich.

Gedanken wirken auf unsere Wahnehmungsfähigkeit. Jeder hat erlebt, daß das Auto, was man sich gerade neu gekauft hat, plötzlich überall zu sehen ist.

Wir nehmen das wahr, womit wir uns in unseren Gedanken am meisten beschäftigen.

Plötzlich wird das, was wir wahrnehmen, zur Wirklichkeit, zur Realität, und wir merken gar nicht, daß wir die Realität verschoben haben.

Das, was wir als Realität bezeichnen, hat nichts mit dem zu tun, was wirklich ist. Die Welt ist so „gut" oder „schlecht", wie wir sie mit unserer Wahrnehmungsfähigkeit sehen.

Mit unseren Gedanken lenken wir unsere Wahrnehmungsfähigkeit. Und wir bekommen mit dem, was wir wahrnehmen, die Bestätigung, daß wir recht haben. Und recht zu haben bedeutet uns ebensoviel wie „nicht schuld zu haben".

Die Hauptsachen in unserem Leben sind also:

1. „Ich habe keine Schuld!"
2. „Ich habe recht!"

Und wir verbringen die meiste Zeit damit und wenden die meiste Energie dafür auf, dies zu bestätigen. Dies hat weder etwas mit Realität noch mit Lebenssinn oder -zweck zu tun. Kein Wunder, wenn wir uns stets unerfüllt fühlen. Recht und keine Schuld zu haben bringt uns nur Genugtuung, aber keine Erfüllung oder inneren Frieden.

Sobald wir Verantwortung übernehmen für das, was wir tun, was wir unterlassen und was wir zulassen, übernehmen wir die Möglichkeit, unser Leben selbst in die Hand zu nehmen, und fühlen uns erfüllt mit Energie.

Die kompromißlose Konsequenz aus der Erkenntnis, daß wir mit unserer Gedankenkraft Schöpfer unserer Lebensumstände sind, bedingt, daß wir uns klarmachen: „Ich habe die volle Verantwortung für mein ganzes Leben!"

Um diesen Satz in seiner vollen Tragweite zu verstehen und aussprechen zu können, muß man entweder davon ausgehen, daß dieses Leben nicht das einzige ist, das der Mensch lebt, und daß er jetzt somit seine ursprünglichen Gedanken auslebt, oder man muß davon ausgehen, daß das Leben für jeden gleichermaßen Vor- und Nachteile in sich birgt. Das ist wohl noch schwieriger vorstellbar.

Nachdem aber auch die größten deutschen Denker (siehe: „Kehret wieder Menschenkinder" von K. O. Schmidt, Baum Verlag) in ihren Überlegungen die Reinkarnation als Tatsache zugrunde legen und weder die katholische Kirche noch der jüdische Glaube abgeneigt ist, diese Möglichkeit durchaus zuzulassen, soll sie in unseren Betrachtungen den Vorrang haben.

Der rein logisch denkende Mensch möge sich folgende Tatsache klar vor Augen führen:

Die Wissenschaftler streiten sich heute darüber, ob unsere Persönlichkeits-Struktur zu 20 % von der Umwelt und 80 % von den Erbfaktoren oder genau im umgekehrten Verhältnis geprägt wurde.

Wie dem auch sei, der Einfluß, den wir auf unsere Erbfaktoren nehmen konnten, war gleich null.

Der Einfluß, den wir auf unsere Umwelt ausüben konnten, war bis zum 3. Lebensjahr ebenfalls null.

Und da wir inzwischen wissen, daß unser Grundmuster, also die Art und Menge der Verknüpfungen unserer Gehirnzellen mit unserem 3. Lebensjahr so gut wie abgeschlossen ist, stehen wir vor der Situation, daß die Entwicklung unserer Persönlichkeitsstruktur (Grundmuster) völlig außerhalb unseres Einflußbereiches liegt; denn jegliches Lernen, jegliche Erfahrung kann nur noch innerhalb dieses Grundmusters stattfinden.

Diese Ausgangssituation zeigt uns, daß wir auf das, was wir heute so sehr verteidigen, überhaupt keinen Einfluß hatten. Unsere Persönlichkeitsstruktur ist ein reines Zufallsprodukt, völlig außerhalb unseres Einflußbereiches.

Jeder Einwand, daß ja später ein bewußter Einfluß genommen wurde, ist ohne jegliche Bedeutung, da dieser Einfluß nur innerhalb des feststehenden Grundmusters wirken kann. Die Hard- und Software unseres menschlichen Computers liegt also bereits im 3. Lebensjahr fest. Nun geht es nur noch darum, mit diesen Programmen zu arbeiten, sie möglichst effizient zu nutzen.

Aufgrund dieser Situation ist es vom logischen Standpunkt her einfach das Sinnvollste, die Verantwortung für unser Leben zu übernehmen; denn wenn wir die Verantwortung anderen übergeben, übergeben wir ihnen damit auch gleichzeitig die Macht über uns.

Völlig gleichgültig von welchem Denkansatz aus die Situation betrachtet wird, es bringt uns keinen Schritt weiter, wenn wir einen Schuldigen suchen oder anderen Verantwortung übertragen wollen, die keiner für uns tragen kann. Ebenso unsinnig ist es, für einen anderen die Verantwortung übernehmen zu wollen.

Natürlich haben wir trotzdem oder sogar gerade deshalb die Pflicht, alles in unserer Kraft Stehende und uns sinnvoll Erscheinende zu tun, um unseren Kindern, Behinderten, Kranken und anderen (noch) nicht im Vollbesitz ihrer Kräfte und Fähigkeiten Befindlichen unsere Unterstützung zuteil werden zu lassen.

Allerdings ist eine Gesetzgebung, wie wir sie heute haben, noch nicht wegzudenken, solange nicht jeder einzelne fähig ist, volle Verantwortung für sein Leben zu übernehmen. An dieser Stelle soll nur aufgezeigt werden, welche Schritte derjenige unternehmen kann, der jetzt schon eine geistige Reifestufe erreicht hat, die es ihm ermöglicht, diese Zusammenhänge zu begreifen, und der bereit ist, diesen Schritt für sich ganz persönlich zu vollziehen.

Und das ist eine der wichtigsten Voraussetzungen bei dieser neuen Denkweise: Es muß dem einzelnen überlassen werden, was er davon bereits in sein Denken integrieren kann. Jeder Versuch eines dirigistischen Eingriffs von außen führt dieses Denken ad absurdum.

Ein praktisches Beispiel aus dieser Situation:

Sie lesen dieses Kapitel, verstehen es falsch, versuchen, es anderen verständlich zu machen, und handeln sich den größten Ärger ein.

1. Schuld hat keiner; denn es gibt keine Schuld.

2. Ich trage die volle Verantwortung für das, was sich in meinem Leben daraus entwickelt.

3. Sie tragen die volle Verantwortung für das, was sich für Sie in Ihrem Leben daraus entwickelt.

4. Jeder (auch wenn er daraus Rechtfertigungen für sein Tun ableitet) trägt die volle Verantwortung für das, was in sein Leben eintritt.

Voll verantwortlich zu sein heißt also nicht, an allem selbst schuld zu sein, sondern zu erkennen, daß es nicht sinnvoll ist, einen Schuldigen zu suchen oder zu meinen, die Verantwortung anderen übertragen zu können.

Voll verantwortlich sein heißt: das Leben so wie es ist annehmen und das Beste für sich und im Sinne des Fortbestandes allen Lebens auf diesem Planeten tun.

Voll verantwortlich sein heißt: anerkennen, daß jedes Wesen seine eigene Aufgabe hat und dafür mit ganz besonderen Fähigkeiten und Persönlichkeitsmerkmalen ausgestattet ist.

Voll verantwortlich sein heißt: andere sich so entwickeln lassen, wie sie fähig sind sich zu entwickeln und berücksichtigen, daß sich jeder in die Richtung entwickelt, die seiner ganz besonderen Aufgabe entspricht.

Voll verantwortlich sein heißt: endlich begreifen, daß die Menschen untereinander nicht besser oder schlechter sind, sondern anders, und zwar so, daß jeder in seiner Andersartigkeit einmalig und großartig ist, auch wenn andere sein Handeln nicht immer gleich verstehen.

DAS MÄRCHEN VON DER GUTEN ALTEN ZEIT

Inzwischen ist es den „Alten" gelungen, das Märchen von der guten alten Zeit so glaubhaft zu vermitteln, daß einige Jugendliche sogar beginnen, daran zu glauben. Anstatt, wie es sonst das (letzte?) Vorrecht der Jugend war, nach vorn zu blicken, beginnen auch Teile der Jugend, nach hinten zu sehen. Sie wollen die gute alte Zeit wieder haben und begreifen nicht, daß es nie eine gute alte Zeit gab.

„Früher war alles ganz anders!"

Das ist eine völlig korrekte Aussage. Aber deshalb war es nicht auch gleichzeitig besser!

Es wird nie ein Besser geben, wenn wir nicht begreifen, daß es jeden Tag anders sein wird.

Wir versuchen immer, die „guten" Dinge zu wiederholen, und vergessen, daß die Zeit vergeht.

Wir versuchen immer, die „guten" Erlebnisse zu wiederholen, und begreifen nicht, daß sich nichts wiederholen läßt, weil die Zeit vergeht.

Wir versuchen, den tollen Urlaub zu wiederholen, und gehen dorthin, wo wir waren, treffen uns mit den Leuten, die wir kennenlernten, und hoffen, daß sich die Ereignisse wiederholen.

Nichts läßt sich wiederholen, selbst wenn wir wieder gemeinsam segeln, Lagerfeuer machen oder was auch immer.

Die gute alte Zeit hat es nie gegeben, wir haben sie uns gemacht!

Und deshalb können wir uns eher jetzt entscheiden, eine gute Zeit zu machen.

Wir brauchen deshalb nicht zu warten, bis sie alt ist!

Aber jetzt beißen uns die Sandflöhe und stechen uns die Mücken. Jetzt sind uns die Preise zu hoch oder die Zimmer zu wenig in Ordnung. Jetzt haben wir zuwenig Wind oder zuviel, und die Pommes schmecken nicht. Jetzt regnet es, und der Campingplatz ist überfüllt.

Aber vier Wochen später ist das alles vergessen, und schon haben wir wieder ein Stückchen „gute alte Zeit" konserviert.
Aber sie läßt sich nicht festhalten, nicht wiederholen und sie hat auch nie wirklich existiert!

Die gute alte Zeit, das sind die Augenblicke, an die wir uns gern erinnern. Und es sind, wenn wir ehrlich sind, die wenigsten Augenblicke!

Die gute alte Zeit hat es nie gegeben.

Sie existiert nur in unserer Erinnerung, und wir hängen uns wehmütig an eine „vergangene Wirklichkeit", die uns vorgaukelt, früher seien die Umstände besser gewesen. Und genau diese Lüge ist es, die uns davon abhält, daran glauben zu können, daß die Umstände heute genau die richtigen sind, die wir brauchen, um HEUTE glücklich zu sein.

Warum muß die Zeit immer erst alt werden, bevor wir begreifen, daß sie gut ist? Warum wollen wir sie nicht jetzt gut heißen und auf die Dinge schauen, die auch jetzt gut und in Ordnung sind?

Christen und Juden glauben an die Schöpfung, so wie sie im Alten Testament beschrieben ist. Diese Geschichte schließt mit den Worten ab: „Und siehe es war sehr gut."

Und anstatt diese Schöpfung voller Dankbarkeit anzunehmen, haben wir anscheinend weiter nichts zu tun, als dem Schöpfer von morgens bis abends zu beweisen, was er für Schrott erschaffen hat.

Sie bekommen Besuch. Sie geben sich große Mühe aufzuräumen und stellen ein Essen auf den Tisch, das Sie viel Zeit gekostet hat. Der Besuch trifft ein und schaut nur auf die Dinge, die ihm nicht gefallen. Auch beim Essen sagt er kein Wort über den herrlichen Spargel. Aber die Kartoffeln schmecken ihm nicht, was er auch deutlich betont. Sie werfen ihn raus?

Wir sollten froh sein, daß wir nicht schon lange rausgeworfen wurden...

Es gibt keine gute alte Zeit. Wir haben sie dazu gemacht!

Es gibt keine verdorbene Jugend. Wir haben sie dazu gemacht, aber nicht wirklich, sondern in unseren Gedanken!

Es gibt keine schlechte Zukunft. Wir machen sie schlecht.

Und dabei vergessen wir völlig, daß die heutige Zukunft schon übermorgen zur guten alten Zeit gehören wird...

Unsere Jugend hat es nicht verdient, daß wir ihr die Zukunft vermiesen! Wir erwarten von der Jugend, daß sie unsere Zukunft meistert, und malen ihr die Zukunft so aus, als wäre es wirklich nicht lohnend, morgen zu leben.

Wir leben seit 40 Jahren im Frieden!

Keine Generation vor uns hat jemals so lange im Frieden gelebt. Es gab vor uns überhaupt keine Generation, die ihr Leben ohne Krieg verbringen konnte. Trotzdem jammern wir seit 40 Jahren unseren Kindern die Ohren voll, daß „ein dritter Weltkrieg nicht zu vermeiden" ist, daß „die Russen bald kommen", daß „die Atombombe eines Tages fallen wird" und und und.

Wir leben in unseren Gedanken seit Jahrzehnten in den schlimmsten Schreckensbildern und haben gar nicht gemerkt, daß wir wunderbaren Frieden haben. Ich bin sicher, daß wir selbst gar nicht an Krieg glauben. Doch unseren Kindern machen wir soviel Angst damit, daß wir ihre Energien lähmen. Wie wollen wir von ihnen erwarten, daß sie ihr Bestes geben, wenn das Ganze angeblich in einem großen Desaster endet?

Es gibt soviel Sinnvolles und Lohnendes zu tun auf diesem Planeten, daß es höchste Zeit wird, diese sinnvollen und lohnenden Ziele unseren Kindern aufzuzeigen. Aber wir sind zu satt, vollgestopft und verwöhnt – was soll die Zukunft uns schon noch bringen können? Wir haben, was wir brauchen, und wissen genau, daß jedes Mehr nur Luxus ist, auf den man im Grunde genommen auch verzichten könnte.

Und unseren Kindern haben wir auch „alles" gegeben. Was soll da schon Besseres kommen können?

Was ist denn schon „alles"?

Haben wir ihnen tatsächlich gegeben, was im Leben eine wirkliche Bedeutung hat? Oder haben wir ihnen nur das gegeben, was für uns „alles" bedeutete, weil wir alles dafür gegeben haben, um es zu erhalten?

Ist es nicht so, daß wir auf innere Harmonie, auf Zeit für den anderen, auf Sinn und Gehalt verzichtet haben und uns dafür das neue Auto, das Wochenendhaus, das Boot oder was auch immer eingekauft haben?

Ist das nicht der wirkliche Grund, warum wir in uns das Gefühl haben, wir hätten ihnen alles gegeben? Und haben wir nicht in Wirklichkeit nichts von dem gegeben, was ihnen helfen könnte, das Leben zu meistern, sondern haben es nur mit „alles" bezahlt!

Vielleicht bestand die gute alte Zeit darin, daß unsere Eltern ein wenig mehr Zeit für uns hatten und nicht alles dem Fernseher überließen. Aber hat der Fernseher daran schuld? Es gibt keinen Schuldigen. Aber es gibt Knöpfe, mit denen wir den Fernseher ausschalten können...

Was bleibt also übrig vom Märchen der guten alten Zeit?

Wir können uns heute die gute alte Zeit machen. Wir haben nie zuvor so ausgezeichnete Möglichkeiten gehabt, uns die jetzige Zeit so zu gestalten, daß es eine wirklich gute Zeit ist – für uns, unsere Kinder und auch für unsere Enkel. Schließlich haben wir alles, was wir brauchen.

Und um unsere Zukunft so gut wie möglich vorzubereiten, haben wir nur einen Augenblick Zeit, und das ist der jetzige. Mit unseren jetzigen Gedanken, Gefühlen und Vorstellungsbildern bauen wir uns unsere Zukunft. Und es wird höchste Zeit, daß wir aufhören, von der guten alten Zeit zu sprechen, und wieder damit beginnen, von der jetzigen guten Zeit zu sprechen. Daß wir lernen, dankbar zu sein für das, was heute ist, und unseren Kindern aufzeigen, wie sie das Beste daraus machen können.

Natürlich haben unsere Kinder „das Zeug" dazu. Wir haben ihnen bisher im Weg gestanden, es zu benutzen! Wir wollten, daß sie es besser haben, daß ihnen dies oder jenes erspart bleibt, daß sie aus unseren Fehlern lernen.

Was hat uns denn stark gemacht?

Die Fehler, aus denen wir gelernt haben, oder das, was man uns „ersparen" wollte?

Auch in den obersten Management-Etagen hat man inzwischen erkannt, daß das „learning by doing" der beste Weg ist. Natürlich wird kein Mensch alt genug, um alle Fehler selbst zu machen. Aber es ist auch noch keiner fähiger geworden, dem man alles abgenommen hat.

Das, was wir unseren Kindern wirklich ersparen können, sind die alten Märchen, damit sie endlich ihre überflüssigen Schuldgefühle ablegen, um den Mut zu sich selbst zu bekommen, Verantwortung für ihr Tun zu übernehmen und wieder einen Ausblick fürs Leben zu bekommen, der ihnen zeigt, daß sie uns nicht übertrumpfen, nicht mit uns in Konkurrenz treten brauchen, sondern das aus ihrem Leben machen können, was sie selbst für richtig, sinnvoll und motivierend ansehen.

Inzwischen haben wir mehr Selbstmorde als Verkehrstote. Und wir palavern über Nachkommastellen, um die Verkehrstoten weiter zu senken, und verschließen Augen und Ohren vor den steigenden Selbstmordquoten bei Jugendlichen. Es ist auch viel einfacher, die Schuldigen für die Verkehrstoten zu finden als für die Selbstmörder. So ist es viel ergiebiger, über Nachkommastellen zu palavern...

Ich klage nicht an. Ich zeige nur auf, wie wichtig es ist aufzuhören, die Märchen vom Schuldigen, von der übertragbaren Verantwortung, von der Konkurrenz und von der guten alten Zeit zu erzählen. Denn diese Storys sind es, die unseren Kindern den Mut für die Zukunft nehmen und ihnen eine Sinnlosigkeit vermiteln, die zum „no future" und „null bock" führten.

Übrigens – Sie sind angesprochen!

Suchen Sie nicht das heraus, was für andere zutrifft, sondern das, was für Sie zutrifft. Denn jeder hat die Möglichkeit, seinen eigenen kleinen Beitrag zu leisten, die Menschenwürdigkeit zu fördern und die Dinge in den Mittelpunkt zu stellen, die unser Leben wirklich lebenswert machen.

Nicht die sich ständig verändernden Umstände machen eine gute oder schlechte Zeit aus, sondern die Einstellung, mit der wir diesen Umständen begegnen. Wie soll es also gelingen, eine gute Zeit über die Umstände zu erschaffen?

Es wird uns nicht gelingen, das Arbeitsklima im Büro zu verbessern, nur weil wir wieder Schreibmaschinen von anno dazumal benutzen. Es wird uns nicht gelingen, dauerhafte Arbeitsplätze zu schaffen, nur weil wir die Computer in die Ecke stellen.

Und es wird uns auch mit anderen äußerlichen Mitteln nicht gelingen, die gute alte Zeit zurückzuholen. Sie hat nirgendwo anders existiert als in unseren selbstgestrickten Erinnerungen, aus denen wir die schlechte alte Zeit einfach gestrichen haben, nur um den Vorwand zu haben, heute nicht mehr unser Bestes geben zu müssen.

Es hat schon immer Menschen gegeben, die gern am Alten festhielten. Und es gab schon immer Menschen, die diese alten Märchen einfach nicht glaubten und selbst herausfinden wollten, wie die Welt wirklich ist.

Und die einen haben die Märchen geglaubt und weitererzählt, und die anderen haben sie nicht geglaubt und haben denen, die sie fragten, was denn nun wirklich sei, gesagt: „Findet es selbst heraus; denn die Welt ist so, wie Ihr sie Euch in Eurer Vorstellung macht."

Und es gibt bereits viele, die herausgefunden haben, daß die Welt durch unsere Vorstellungsbilder, unsere Einstellung zu den Dingen formbar ist.

Sie werden heute schon nicht mehr ausgelacht, sondern befinden sich bereits in dem Stadium, in dem sie von den anderen bekämpft oder zum Teil sogar schon anerkannt werden.

Und genauso, wie sich der Wandel in allen anderen Beziehungen auch immer schneller vollzieht, wandelt sich auch die Einstellung immer schneller.

Schon sind die ersten Kinder ihren Eltern davongelaufen und zeigen ihnen, wo es langgeht. Und es wird nicht mehr lange dauern, bis die Kinder selbständiger, verantwortungsbewußter und zuversichtlicher sind als die Eltern.

Vielleicht reicht diese Revolution schon aus, unserem Planeten eine neue Richtung zu geben und das Bewußtsein für die Zusammengehörigkeit aller Lebewesen zu fördern, um so den Frieden eintreten zu lassen, der für diejenigen unerträglich sein wird, die nicht bereit sind, den neuen Zeitgeist zu verstehen.

Das Märchen von der guten alten Zeit ist endgültig gestorben; denn wir befinden uns in einem aufsteigenden Zeitalter. Schon immer hat jede Epoche ihre Vor- und Nachteile gehabt.

Alle Zeitalter bringen den Menschen, die darin leben, genau die Lernprozesse, die sie benötigen, um zu der Größe und Einmaligkeit zu wachsen, zu der sie sich entfalten können, wenn sie es wirklich ernst meinen und das Ziel haben, ein sinn- und gehaltvolles Leben zu leben.

Die Umstände sind beeinflußbar, denn sie sind das Ergebnis unserer Gedankenkräfte. Es gilt, unsere Gedankenkräfte auf das Hier und Jetzt zu richten, anstatt sie in der Vergangenheit zu belassen und das Märchen von der guten alten Zeit zu schüren.

Es gibt weder eine gute alte Zeit, noch gibt es eine gute oder schlechte neue Zeit.

Die einzige Zeit, die uns in der gesamten Ewigkeit wirklich etwas angeht, ist das Hier und Jetzt. Und nur, wenn wir lernen, im Hier und Jetzt zu sein, wird es uns gelingen, unsere Intuition zu fördern und die Dinge zu tun, die für unsere Zukunft das Richtige sein werden.

Das Märchen von der guten alten Zeit ist ebenso ein Märchen wie das von der guten neuen Zeit. Die Zeit hat überhaupt keine Wertung, sondern wir geben ihr eine. Und diese Wertung findet nicht auf dem Kalender statt, sondern in unseren Köpfen. So wird jede Zeitepoche für die einen eine gute und für die anderen eine schlechte sein.

Jedenfalls ist es an der Zeit, mir aufzuzeigen, wie ich meine Zeit zu einer guten Zeit machen kann.

DAS MÄRCHEN VON DER ABHÄNGIGKEIT UND UNFREIHEIT

Um die folgenden Gedankengänge richtig einzuordnen, sei nochmals betont, daß nicht nur die Menschheit eine Gemeinschaft ist, sondern alle Wesen dieses Planeten gemeinsam mit der Erde eine in sich geschlossene und zusammengehörige Einheit bilden. Es geht also im Folgenden um die Freiheit und Unabhängigkeit, die innerhalb dieser Gemeinschaft möglich ist.

Wer abhängig ist, hat sich abhängig gemacht!
Wer unfrei ist, hat sich unfrei gemacht!

Diese Zeilen bekommen SIE zu lesen und nicht jemand in einem unfreien Land und niemand, an den Sie vielleicht jetzt noch denken mögen, für den dies – zumindest augenscheinlich – nicht zutrifft.

Wir werden keinen Beitrag zur Freiheit und Unabhängigkeit anderer leisten können, wenn wir gleich darüber denken, warum es für andere nicht funktionieren kann, und uns damit im selben Augenblick daran hindern, wenigstens zu unserer eigenen Freiheit und Unabhängigkeit zu gelangen.

Wir erwarten von den Politikern, daß sie vorleben, was sie fordern, und sind selbst nicht bereit, es zu tun. Politiker greifen dirigistisch in das Leben anderer ein. Natürlich kann nur derjenige gesteuert werden, der dies mit sich machen läßt.

Ich fordere Sie heraus, Ihr eigener Dirigent zu sein!

Je mehr es gelingt, sich selbst zu dirigieren, um so weniger können andere es tun.

Ein Dirgent kann nicht von anderen dirigiert werden; denn er ist voll und ganz mit seiner Aufgabe beschäftigt.
Er weiß genau, was er will, und tut genau das, was er für richtig hält. Und er dirigiert andere nicht, um sie zu fördern.

Der einzelne erfüllt seine Aufgabe und kann in der Gemeinschaft mit anderen eine Aufgabe erfüllen, die nur eine Gemeinschaft erfüllen kann.

Indem der einzelne sein Bestes gibt und nicht darauf achtet, ob es auch alle anderen tun, kommt ein großes Werk zustande.

In uns allen steckt doch die Sehnsucht nach etwas Großem – nach Taten, die kein einzelner vollbringen kann.

Natürlich wollen die meisten Menschen auch dirigieren. Deshalb wird es höchste Zeit, daß wir endlich lernen, zumindest unser eigenes Leben selbst zu dirigieren. Dafür bedarf es anderer Anweisungen, Fähigkeiten und Einstellungen als die, die heute nach wie vor vermittelt werden.

Wir könnten uns alle frei und unabhängig bewegen, wenn wir nur damit begännen, unsere Unabhängigkeit nicht in der Abhängigkeit anderer zu suchen, sondern in der Unabhängigkeit unserer Gedankenkräfte.

„Ja, wenn jeder so denken würde, wie er wollte, dann . . .!"

Dann würde sich über Nacht auch nichts ändern; denn dieses Leben ist eine Schule für jeden Erdenbewohner. Wir sind nichts anderes als Besucher auf dieser Erde, die hier eine gewisse Zeit verbringen, um die Schule des Lebens zu besuchen.

Aber derjenige, der begreift, was diese neue Einstellung zum Leben ihm ermöglicht, begreift auch, daß er ein und dasselbe Leben in Freiheit oder Unfreiheit, in Unabhängigkeit oder Abhängigkeit verbringen kann.

Er begreift, daß das, was den großen Unterschied des Lebens ausmacht, in uns selbst, in jedem einzelnen selbst stattfindet.

Es kann durch äußere Veränderungen nur verändert, durch innere Veränderungen aber verbessert werden.

Aber wo wird die Freiheit des Denkens gelehrt?

Etwa an unseren Schulen, wo wir das *aus*wendig lernen müssen, was andere gedacht haben, anstatt zu lernen, was wir *in*wendig erfahren können?

Etwa an unseren Universitäten, wo man sich an Sprüchen festhält, die ein Genie vor Hunderten von Jahren losließ, anstatt das Genie in jedem von uns zu fördern?

Etwa in Büchern, in denen andere ihre Gedanken zu Papier bringen, anstatt uns zu animieren, uns unserer eigenen Gedanken bewußtzuwerden?

Sobald wir beginnen, eine Lebenslehre anzunehmen, haben wir unseren Meister bestimmt. Doch unser wirklicher Meister ist in uns, und er ist allein unser Meister und kann nicht ein Meister für andere sein.

Aber schon kommen die Hochschulprofessoren und sagen: „Er ist ein Autodidakt, er geht nicht wissenschaftlich vor!"

Sie sagen damit nur, daß er keiner von ihnen ist, und spüren ganz genau, daß sie einen vor sich haben, der seinen eigenen Weg geht, der sich nicht durch die Gleichmachermühle drehen läßt.

Aber es werden immer mehr, die erkennen, daß dieselbe Schule, die uns ursprünglich die Freiheit bringen sollte, die Unfreiheit bringt, was unsere Einzigartigkeit angeht.

Sie erkennen, daß die Schule zu einer statischen Angelegenheit geworden ist, an der die Dinge geschehen und nicht geändert werden können. Ebenso, wie sich die Atombomben vermehren und keiner dafür die tatsächliche Schuld trägt.

Aber um davon abzulenken, gehen sie lieber auf die Straße und demonstrieren gegen die Bomben, anstatt die eigene Bombe zu entschärfen.

Freiheitliches Denken können wir nicht lernen, indem wir gegen etwas sind.

Es wird Zeit zu erkennen, daß ALLES seinen Sinn hat, daß wir zur Schöpfung „JA" sagen können und daß wir lernen, uns das zu nehmen, was für uns ist, um den anderen das zu lassen, was für sie ist.

Das „gleiche Recht für alle" besteht nicht darin, daß jeder das Gleiche tun und haben soll, sondern darin, daß jeder das Recht hat, das zu denken, was er denken möchte, um damit das in sein Leben zu bringen, was er sich aufgrund seiner Gedankenkraft anzieht.

Wie soll es möglich sein, daß alle das Gleiche haben und sind, wenn alle anders denken?
  Wir sind nicht als Roboter oder Schablonen auf die Welt gekommen, sondern als kreative, intuitive, freie und unabhängige Menschen, damit wir unseren ganz persönlichen Weg gehen können.

Dies ist kein Aufruf, die Schulen zu ändern. Dies ist ein Aufruf, sich selbst zu ändern, um endlich der sein zu können, der wir sein könnten. Um endlich von der Unfreiheit zur Freiheit, von der Abhängigkeit zur Unabhängigkeit zu gelangen.

Die Freiheit erlangen wir nicht, indem wir andere und anderes ändern; denn dann würden wir nur verändern, aber nicht verbessern.

Wir würden die Unfreiheit nur verändern.

Es würde nur eine andere Art von Unfreiheit geben.

Freiheit kann man nicht durch Änderung erreichen, sondern nur durch die Abschaffung der Unfreiheit unseres eigenen Denkens.

Und dafür gibt es nur einen ersten Schritt: der tägliche Schritt bei uns selbst.

Täglich selbst nur einen Schritt zu tun, bringt uns weiter, als täglich andere Menschen über tausend Schritte hin zu treiben, zu motivieren, dazu zu überzeugen...

„Ich fühle mich diskriminiert!"

„Ich fühle mich unterdrückt!"

„Ich fühle mich ausgenützt!"

„Ich fühle mich..."

Und schon wird diskutiert und geändert, und das Ergebnis heißt:

„Ich fühle mich diskriminiert!"

„Ich fühle mich unterdrückt!"

„Ich fühle mich ausgenützt!"

„Ich fühle mich..."

Der einzige Unterschied besteht darin, daß es diesmal andere vor sich herjammern.

Wird es nicht Zeit, unseren Kindern klarzumachen, daß wir uns unsere Gefühle selbst machen?

Ich fühle mich.

Das ist die ganze Antwort.

Nicht ein anderer macht mich, sondern ich fühle mich.

Wie kann ein anderer machen, daß ich mich diskriminiert fühle?

Während einer Veranstaltung gab es ein gemischtes Buffet und ein vegetarisches. Ein „Vegetarier" fühlte sich diskriminiert, weil auf dem Hinweisschild stand: „Für unsere Vegetarier". Alle anderen empfanden dies als freundlichen Hinweis.

Wir machen uns unsere Gefühle selbst, und mit unseren Gefühlen geben wir unseren Gedanken Bedeutung und lenken damit unser Leben.

Wer sich diskriminiert fühlt, wird etwas gegen diese (in seinem Gefühl stattfindende) Diskriminierung unternehmen oder unternehmen wollen und beginnt zu kämpfen. Er beginnt einen Kampf und fühlt sich sogar wieder im Recht; denn er „wurde" ja diskriminiert. Er beginnt den Kampf und merkt nicht, daß er sich selbst in einen Kampf begeben hat, der eigentlich gar keiner war!

Ich sage nicht: „Es gibt keine Diskriminierung." Ich sage: „Die Diskriminierung findet in uns statt!"

Gandhi trug seine Diskriminierung mit Würde. Er fühlte sich nicht diskriminiert, er fühlte sich sehr ernst genommen.

Wir leben seit über 40 Jahren in Frieden und Freiheit, und es wird Zeit, daß wir das endlich begreifen, endlich begreifen, daß wir in einer neuen Zeit leben, in einer Zeit, in der sich unsere Kinder in ihrer geistigen Reife sehr schnell entwickeln, in einer Zeit, in der unsere Kinder lieber an ihre Zukunft denken würden anstatt an unsere Vergangenheit.

Wer abhängig ist, hat sich abhängig gemacht!

Wer unfrei ist, hat sich unfrei gemacht!

Wenn uns der Frieden wirklich wichtig ist, müssen wir damit beginnen, in uns und mit uns selbst Frieden zu machen.

Sich diskriminiert zu fühlen, ist eine Kriegserklärung.

Sich unterdrückt zu fühlen, ist eine Kriegserklärung.

Sich ausgenutzt zu fühlen, ist eine Kriegserklärung.

Einen Beitrag für den Frieden zu leisten, besteht darin, dafür zu sorgen, daß wir uns nicht diskriminiert, nicht ausgenutzt, nicht unterdrückt fühlen. Deshalb ist es wichtig zu erkennen, daß wir uns unsere Gefühle selbst machen.

Wer sich ausnutzen läßt, trägt dafür auch die Verantwortung; denn er hat dem, der ihn ausnutzt, Mut dazu gemacht.

Und nur, wenn er lernt, sich nicht mehr ausnutzen zu lassen, wird er zu seinem inneren Frieden, zu seiner eigenen Freiheit und Unabhängigkeit gelangen. Ansonsten wird er stets „Krieger" brauchen, die ihn beschützen, und eines Tages werden ihn seine eigenen Beschützer ausnützen. Denn er hat immer noch nicht begriffen, daß er etwas hinzuzulernen hat, anstatt stets nur dafür zu sorgen, daß die anderen bestraft werden.

Er will bestrafen und merkt nicht, daß er damit die Tat unterstützt.

Das Gefühl der Unterdrückung, der Unfreiheit, der Abhängigkeit wird gefördert, wenn wir zuwenig Liebe in uns haben.

In Ehen ohne innige Liebe treten diese Gefühle viel stärker zu Tage als bei Partnern, die sich tief verbunden fühlen.

Liebe ist verbunden mit dem Vertrauen, daß es der andere gut mit uns meint.

Solange dieses Gefühl nicht vorhanden ist, ist Mißtrauen im Spiel. Dies fördert natürlich das Gefühl der Unterdrückung, Unfreiheit und Abhängigkeit.

Wir können dieses Vertrauen oder auch Urvertrauen wieder in uns aufbauen, indem wir uns klarmachen, daß es im Universum eine uns höherführende Kraft gibt, die uns dirigiert.

Wir brauchen, wie der Musiker im Orchester, nur unser Bestes zu geben, und zwar im Hier und Jetzt auf dem Platz, den wir gerade einnehmen.

Und im Einklang, dirigiert von der unendlichen Weisheit, die das Universum schuf und es weiter expandieren läßt, im Einklang mit allen anderen Wesen können wir in der Entfaltung unserer Fähigkeiten und Möglichkeiten dieses großartige Schauspiel aufführen, das vor Äonen begann und noch weitere Äonen dauern wird.

Solange wir mit dem Schöpfer hadern, warum er uns keine andere Rolle gegeben hat, werden wir uns unfrei und abhängig fühlen.

Sobald wir jedoch dieses Urvertrauen aufbauen und damit beginnen, die gesamte Schöpfung zu lieben, in allem, was ist und geschieht, einen Sinn sehen oder zumindest unterstellen, daß alles seinen Sinn hat, beginnt unsere Freiheit und Unabhängigkeit.

Das alles hat nichts mit Religion zu tun, sondern es sind psychologische Spielregeln, an die wir uns halten oder gegen die wir verstoßen können.

Wir müssen nur irgendwann einmal die glasklare Entscheidung treffen, wie unser Leben wirklich aussehen soll.

Es gibt keine „handfeste" Realität für Gefühle, wir machen sie uns selbst!

Und wenn die Spielregeln für unsere Gefühle so sind, daß wir mit mißtrauischen Gedanken die Gefühle für Unfreiheit und Abhängigkeit fördern oder mit liebe- und vertrauensvollen Gedanken die Gefühle für Freiheit und Unabhängigkeit, dann bleibt es uns selbst überlassen, welche Gedanken wir zulassen.

Nur weil wir nicht begreifen, daß unser Schöpfer stets das Beste für uns will, unterstellen wir ihm das Gegenteil. Wer hat nicht schon oft in seinem Leben erlebt, daß sich ein unerwünschtes Ereignis später als vorteilhaft oder zumindest wichtig und sinnvoll herausgestellt hat? Und nur weil wir so mißtrauisch sind, hadern wir mit den Gegebenheiten, Umständen und Ereignissen in unserem Leben, bis wir erkennen, daß alles dazu beitrug, uns zu der Persönlichkeit reifen zu lassen, die wir heute sind.

Wenn Ferien sind, dann machen Sie Ferien. Wenn Freude angesagt ist, dann freuen Sie sich. Wenn Sorgen angesagt sind, dann sorgen Sie sich, und nehmen Sie das an, was Sie bekommen.

Stattdessen denken wir in den Ferien an die Arbeit und bei der Arbeit an die Ferien. Und wenn wir Grund zur Freude haben, machen wir uns Sorgen, wie lange das wohl anhalten wird. Und wenn wir uns sorgen, dann denken wir, daß das ungesund oder grundlos ist und daß wir uns eigentlich lieber freuen sollten.

Wir versklaven uns mit unseren Gedanken selbst und erzählen unseren Kindern das Märchen von der Unfreiheit und Abhängigkeit, und daß wir damit nun einmal leben müssen, weil andere uns unterjochen.

Unsere Kinder werden aber immer wacher und werden uns schon bald auch dieses Märchen nicht mehr glauben und spüren, daß die Gedanken frei sind und daß ihre Gedanken die Ursache sind und die Umstände die Auswirkungen davon.

Sobald sie von dieser Freiheit Gebrauch machen, werden sie sich zu ihrer Einmaligkeit bekennen und sich zu ihrer Großartigkeit entwickeln.

DAS MÄRCHEN VON DER UNWÜRDIGKEIT

Alles, was dem Lebenszweck eines Menschen entspricht, ist würdig, getan zu werden – völlig gleichgültig, was es ist, und völlig gleichgültig, wie es von anderen bewertet wird.

Alles, was dem Lebenszweck nicht entspricht, verdient nicht, getan zu werden.

„Die Würde des Menschen ist unantastbar", steht in unserem Grundgesetz geschrieben. Weil wir nicht darüber urteilen können, was für andere würdevoll ist, verdient es dieser Satz, in unserem Wohnzimmer zu hängen, um uns selbst bewußtzumachen, daß wir nichts tun sollten, was unter unserer Würde ist.

Mit Begeisterung ein Klo zu reinigen, kann eine würdevollere Tätigkeit sein als haßerfüllt einen „Gottesdienst" zu leiten oder arrogant ein paar tausend Mark für einen wohltätigen Zweck zu stiften.

Die Würde des Menschen ist unantastbar, und niemand kann wissen, was für den anderen würdevoll ist und was nicht. Denn diese Unterscheidung findet nicht statt in dem, was getan wird, sondern mit welcher Einstellung es getan wird.

Und sobald sich einer auftut, um darüber zu richten, was würdig und unwürdig ist, zeigt er damit, daß er nicht begriffen hat, daß Würde etwas ganz Persönliches ist. Etwas, das ein direkter Teil der individuellen Persönlichkeit ist und nicht auf andere übertragen werden kann.

Und nur der einzelne kann für sich selbst herausfinden und bestimmen, was er als würdevoll und was er als entwürdigend empfindet.

Gerade dieses Märchen der Unwürdigkeit ist der Schlüssel zu innerer Ruhe, Harmonie und Friedfertigkeit.

Dieser Schlüssel ist zu finden in einer tiefen Verbundenheit zur Natur, zum Schöpfer oder zur Schöpfung selbst. Und wenn wir die Schöpfung und den Schöpfer nicht mehr getrennt sehen, sondern als Schöpfer, der die Schöpfung aus sich heraus vollbringt, nicht vollbrachte, dann wird klar, welch ein Märchen es ist, sich unwürdig zu fühlen.

Wer sich vor dem Schöpfer unwürdig fühlt, beginnt damit, andere nach ihrem Tun zu be- und verurteilen, und wird kaum jemanden finden, der würdiger vor dem Schöpfer ist als er selbst. Und er wird weder zu innerer Harmonie noch zu innerem Frieden oder gar zur Friedfertigkeit finden können.

Und genau der innere Friede ist die Voraussetzung für den Weltfrieden, so, wie die innere Harmonie die Voraussetzung für die äußere Harmonie ist.

Wir sind würdig, wenn wir das tun, was unserer Persönlichkeitsstruktur entspricht, wozu wir uns berufen fühlen und wozu wir
aufgrund unserer Persönlichkeitsstruktur und des Wachstums
daraus auch berufen sind.

Es geht nicht darum, objektiv ein „guter" oder „schlechter" Arzt,
ein „guter" oder „schlechter" Schlosser zu sein. Es geht darum,
der beste Arzt zu sein, der wir heute sein können, der beste
Schlosser zu sein, der wir heute sein können.

Und solange wir unsere Aufgaben lieben, ist es in Ordnung.
Denn von Millionen Ärzten werden nicht alle objektiv gute Ärzte
sein können und erst recht nicht jeden Tag wieder.

Es ist wichtig, daß wir lernen, uns so anzunehmen, wie wir heute
sein können. Besonders dann, wenn wir spüren, daß es nicht
unser bester Tag ist.

Und wenn wir uns an unseren weniger guten Tagen annehmen
und akzeptieren können, dann werden wir mehr Würde ausstrahlen, als wenn wir uns rechtfertigen, wenn wir an solchen
Tagen zu recht einmal kritisiert werden.

Würde hat nichts mit Leistung zu tun. Würde ist ein Geschenk, das jedem von uns in die Wiege gelegt wird.

Und wenn ein Strolch seine Fehler eingesteht und willig ist, sich zu ändern, ist er würdiger als ein „einwandfreier Charakter", der eine einmalige Verfehlung zu rechtfertigen versucht, obwohl er weiß, daß ihm ein Fehler unterlief.

Die Menschenwürde ist ein Geschenk, und wir sollten diese Würde jeden Tag erneut dankbar annehmen, anstatt sie, wenn auch nur in unseren Gedanken, zu zerreden und anzuzweifeln.

Ist nicht jedes Kind würdig, einen Vater und eine Mutter zu haben?

Ohne sie kann es gar nicht gezeugt werden.

Sind wir denn dann nicht alle würdig, ein Kind der Schöpfung zu sein? Würdig, von anderen geachtet und respektiert zu werden, wie unverständlich unser Verhalten auch gerade sein mag?

Allein unsere Existenz ist Grund genug, uns würdig zu fühlen, den Platz in diesem Universum einzunehmen, auf den wir gestellt wurden, um das zu tun, was unserem wahren Wesen entspricht, das zu tun, was uns in unserer geistigen Reifeentwicklung wachsen läßt.

Und daß uns oft gerade die unangenehmen, unerwünschten oder von anderen als unwürdig bezeichneten Situationen den größten Wachstum brachten, wird jeder in seinem Leben erlebt haben, zumindest wenn er seinem Wachstum eine gewisse Aufmerksamkeit gewidmet hat.

Die wohl größte Energieverschwendung ist die Tatsache, daß die meisten Menschen nicht das tun, was dem Wachstum ihrer Persönlichkeitsstruktur am förderlichsten wäre. Sondern sie verkaufen sich für „eine Handvoll Dollar", um ihre künstlich gezüchteten Bedürfnisse zu befriedigen.

Kein Wunder, daß unsere Jugend Wege sucht, diesem „Konsumzwang" zu entkommen. Allerdings weiß sie meist noch nicht, daß die Wurzel des Übels nicht die Multis oder die Kapitalisten sind.

Aber wir schüren dieses Märchen von der Unwürdigkeit weiter. Es könnten ja sehr unbequeme Fragen auf uns zukommen, die uns selbst klarmachen würden, daß wir uns nur zu oft und schon viel zu lange für den Luxus verkaufen, von dem wir genau wissen, daß er uns nicht das bringt, wonach wir uns eigentlich tief in unserem Inneren sehnen.

Dies ist kein Aufruf zum Konsumboykott; denn da ist nicht die Wurzel. Dies ist ein Aufruf, dem einzelnen klarzumachen, daß ihn nur die Arbeit befriedigen kann, die seiner eigentlichen Aufgabe entspricht.

„Ja, dann würden ja alle nur noch Generaldirektor werden wollen!"

Wirklich?

Ist es wirklich das, wonach sich die Jugend drängelt?

Wir wären überrascht, daß sich nicht viel ändern würde.

Es würde nur so mancher Vorstandsvorsitzende wieder in den Außendienst gehen, und so mancher Bergmann würde den Mut aufbringen, konsequent alternative Energiequellen zu entwikkeln und einzusetzen.

Nach elf Jahren Landkomune auf der Coromandel Peninsula in Neuseeland geht ein 40jähriger zurück ins „normale" Leben. Er hat zwölf Stunden pro Tag gearbeitet und einen Tag pro Woche frei gehabt. Er hat in dieser Zeit zumindest gelernt, das zu tun, was ihn erfüllt, und den Mut zu haben, eine neue Entscheidung zu treffen, wenn es für ihn sinnvoll ist.

Untersuchungen haben ergeben, daß wir in der schnellebigen heutigen Zeit noch siebenmal den Beruf wechseln müssen.

Wenn dies so ist, dann wäre es doch angenehmer, selbst die Entscheidung zu treffen und nicht immer erst zu warten, bis andere diese Entscheidung für uns treffen und nur das für uns übrigbleibt, wozu wir uns selbst freiwillig nicht entschlossen hätten.

Wir sind nicht unwürdig, sondern wir entwürdigen uns selbst!

Wir sind nicht unwürdig, sondern lassen es zu, daß andere uns entwürdigen!

Wirkliche Würde hat nichts mit Ego-Drive zu tun.

Wirkliche Würde entsteht aus der liebevollen, demütigen Dankbarkeit, daß wir ein einzigartiges Individuum sind, das einen Beitrag zur Weiterentwicklung des geistigen Wachstums der Rasse homo sapiens auf diesem Planeten leisten darf.

Würde entsteht, wenn wir unsere Einzigartigkeit leben. Nicht, wenn wir versuchen, andere nachzuahmen oder anders sein zu wollen, indem wir zwar anders, aber wieder nicht wir selbst sind.

Der Unterschied wird vielleicht deutlich, wenn wir uns verschiedene Inszenierungen eines Theaterstückes ansehen.

Alle weichen vom Original ab, aber einigen Regisseuren ist es gelungen, ein neues Original zu schaffen. Manche haben zwar etwas völlig anderes gemacht, aber dennoch ist es kein neues Original. Ebenso ist es mit Musikstücken, die wieder neu ins Leben gerufen werden. Manche gefallen einem sogar besser als das Original.

Wir sagen dann auch: „Das ist nicht würdig, angesehen oder gespielt zu werden."

Sobald wir unsere anerzogenen Unwürdigkeitsprogramme abgelegt und uns selbst das erste Mal angenommen haben, erleben wir das Gefühl der eigenen Kraft, der eigenen Möglichkeiten und der Unabhängigkeit und Freiheit.

Wir begreifen, daß wir fähig sind, unser Leben so zu leben, wie es unserer Persönlichkeitsstruktur am besten entspricht.

Wir begreifen, daß wir keinen anderen zu hofieren brauchen, nur weil wir uns einen Vorteil von ihm erhoffen.

Ein Krüppel in Bangkok, dem wirklich nichts anderes übrigbleibt, als darauf zu hoffen, von anderen ein Almosen zu bekommen, aber in dem Bewußtsein lebt, daß sein Schöpfer sich schon irgendwie um ihn kümmern wird, kann durchaus mehr Würde ausstrahlen als ein Abteilungsleiter, der meint, daß seine ganze Zukunft von der nächsthöheren Position abhängt, und deshalb seinem Vorgesetzten entwürdigend zu Kreuze kriecht.

Hier sollen keine Höflichkeitsformen abgeschafft werden.
Hier soll nicht zum Ungehorsam aufgerufen werden.

Hier soll nur aufgezeigt werden, daß wir nicht von Natur aus unwürdig sind, sondern uns unwürdig machen!

Ein menschenwürdiges Dasein leben, heißt: sich bewußt machen, daß wir in unserer einzigartigen Art eine Aufgabe haben und in der Lage sind, diese Aufgabe auch zu erfüllen – unabhängig von der Gnade irgendwelcher bestimmter Personen.

„Gnädige Frau!" In dieser Höflichkeitsformel steckt so viel aus den alten Unwürdigkeitsprogrammen, daß wir eine Vorstellung bekommen, wie es noch vor wenigen Generationen ausgesehen haben muß.

Die Sklaverei liegt nicht nur nicht weit zurück, sondern sie ist nie abgeschafft worden!

Wieviele Menschen verkaufen nach wie vor ihre Würde – nur um einen kleinen Vorteil zu erhaschen, der sich später stets als verzichtbar herausgestellt hat.

Wir versklaven uns nach wie vor, wenn wir meinen, daß wir von bestimmten Personen, bestimmten Arbeitsplätzen oder bestimmten Umständen abhängig sind.
   Und wir werden uns aus dieser Sklaverei nicht freikaufen können, indem wir es mit Reichtum oder Macht versuchen.

Es hat in der Sklaverei vielleicht ebenso viele würdige Sklaven wie unwürdige Herren gegeben!

Wir haben die Menschenwürde mit in unsere Wiege gelegt bekommen. Aber wir müssen sie uns jeden Tag, ja jeden Augenblick, neu verdienen.

Das ist diese innere Sicherheit, eins mit der Schöpfung zu sein, diese Sicherheit, daß uns nichts geschehen kann, was die Schöpfung nicht für uns vorgesehen hat, und daß uns alles zufließt, was uns zufließen soll.

Um in dieser Sicherheit zu leben, ist es erforderlich, daß wir uns unserer Intuition öffnen und nach innen hören. Denn wir bekommen immer eine Antwort auf unsere Frage, wenn wir bereit sind, diese Antwort anzunehmen.

Alle großen Erfindungen sind der inneren Stimme zu verdanken gewesen. Die Erfinder haben auch stets sehr freimütig darüber gesprochen oder geschrieben.

Aber, weil dies schlecht nachzuahmen war, versuchte man lieber, die sichtbaren Dinge zu kopieren.

Die meisten Menschen, die in lebensbedrohlichen Situationen waren, berichten, daß sie „instinktiv" oder „intuitiv" das Richtige getan haben.

Warum sprechen wir nicht mehr darüber, um unseren Kindern mehr innere Ruhe zu vermitteln?

Wir sind ein Teil der Schöpfung und sind direkt mit der Schöpfung verbunden. Wir brauchen uns nur der Stimme der Natur zu öffnen, die Intuition zu erlernen, und schon werden wir durchflutet von innerer Sicherheit, Harmonie und Frieden.

Und damit verstärken wir den Mut zu uns selbst, den Mut, würdevoll zu uns selbst zu stehen, das zu tun, was uns entspricht.

Nochmals: Es geht hier nicht darum, unbedingt anders zu sein, ungehorsam zu sein; denn auch das sind nur anerzogene Programme – auch dann, wenn sie gegen die erwünschte Erziehung verlaufen.

Es geht darum, in Harmonie mit uns selbst zu sein, so daß wir uns in unserer eigenen Haut wohlfühlen, anstatt ständig die Haut wechseln zu wollen in der Meinung, eine andere würde uns besser stehen oder passen.

DAS MÄRCHEN VON DER MACHT DES WISSENS

Wissen ohne Erfahrung ist blinder Glaube.
Wissen ohne Anwendung ist Ballast.
Wissen ohne Ethik ist Gefahr.

Wieviele junge Menschen gehen heute mit einem Zeugnis in der Tasche und der Überzeugung ins Leben, daß sie nun alles hätten, was sie zu ihrem Lebenserfolg brauchen?!

Das meiste Wissen, das wir in der Schule, Universität oder einem anderen Nürnberger Trichter bekommen, ist nicht mehr wert als 22 Mark 50; denn man könnte es mühelos auf drei Discetten speichern oder in einem Lexikon nachschlagen.

Das „Gewußt wie" ist da schon wesentlich mehr wert; denn es ist weder in Büchern nachzuschlagen noch per Computer abzurufen.

Viel wichtiger ist daran aber, daß es auf Erfahrung beruht und praktischen Nutzen hat. Es kann nachvollzogen werden. Es kann zu eigenem Leben erweckt werden. Es kann mit eigenen Erfahrungen bereichert werden.

Wissen kann heute überall und in jeder Form billig eingekauft werden.

Wofür jedoch der menschliche Geist nach wie vor benötigt wird, ist die Fähigkeit, dieses Wissen zu kombinieren, und zwar auf neuen Wegen.

Gehen Sie hin zu McDonald's, und schauen Sie zu, wie es gemacht wird. Sie können es bis ins kleinste Detail abschauen. Sie haben nun das Wissen, wie man erfolgreich „ein etwas anderes Rastaurant" aufbaut. Vollziehen Sie es nach, und Sie werden feststellen, daß Ihr McDonald-Zuschau-Diplom nicht ausreicht, um Erfolg zu haben.

Gehen Sie in die Branche, in der zur Zeit das meiste Geld in Deutschland verdient wird. Schauen Sie zu, wie die Anlageberater arbeiten. Schauen Sie ihnen alles ab, und dann tun Sie es selbst. Sie werden vielleicht Erfolg haben. Aber von 100, die das ausprobieren, hat vielleicht einer damit wirklich großen Erfolg.

Was muß man also haben oder tun, um erfolgreich zu sein?

Beobachten wir einen Strand, an dem 70 oder 80 Menschen versuchen, das Surfen zu erlernen. Fast alle stehen auf dem Brett, versuchen, das Segel aus dem Wasser zu ziehen, und das Segel scheint zu versuchen, die Leute ins Wasser zu ziehen. Plötzlich gelingt es einem, und er fährt ein paar Meter davon. Schon versuchen einige, an die Stelle zu gelangen, wo der Glückliche gerade gestartet ist, weil sie meinen, daß dort die Verhältnisse besser sind. Und sobald es einem anderen woanders gelingt, stürzen sich wieder einige an jene Stelle.

Nach wie vor bleibt die Masse jedoch beim Segelaufholen und beginnt sich „einzureden", daß dies, und nicht das freie Surfen, der Zweck des Unternehmens ist. Und sie beginnen, diejenigen zu beneiden und zu beschimpfen, die sich nicht wie sie abplagen, sondern das Surfen genießen.

Und nach einiger Zeit kommt einer der Glücklichen zu Fuß am Ufer zurück und zieht sein Brett hinter sich her, denn er ist vom Wind abgetrieben worden und beherrscht die Steuerung noch nicht. Nun freuen sich die Segelaufzieher und zeigen den Neuen, was dabei herauskommt, wenn man so keck sein will, das Brett zu besteigen und auch damit loszusurfen. Die meisten geben sich daraufhin mit dem Segelaufziehen zufrieden und versuchen sich einzureden, daß das wohl wirklich ihr Los sei.

Aber der Zurückgekommene bleibt nicht lange an Land, denn er erinnert sich daran, wie schön es war, sich vom Wind über das Wasser treiben zu lassen. Und nachdem er das Segel wieder aus dem Wasser hat, vergißt er alle Mühe und segelt davon. „Er wird gleich sehen, was er davon hat", hört er die anderen rufen. Doch er genießt den Augenblick und versucht hinzuzulernen, um das Brett steuern zu können. Denn er hat draußen auf dem Wasser einen gesehen, der, scheinbar gegen alle physikalischen Gesetze verstoßend, sogar gegen den Wind fahren kann. Das will er auch lernen.

So versucht er, dem da draußen zuzuschauen, um ihm auf die Schliche zu kommen. Und als er ihn fragt, bekommt er sogar bereitwillig Antwort, obwohl doch alle anderen gesagt hatten, daß der da draußen der „Unansprechbare" sei.

So geschieht es schon bald, daß auch er das Geheimnis des mühelosen Surfens erfährt und seine Freude daran hat. Denn es ist mit weniger Energie verbunden, obwohl es doch so viel mehr Geschwindigkeit bringt, die sogar ausreicht, um ab und zu aus dem Wasser zu springen und sich für Momente in die Lüfte zu erheben.

Seine Freunde erzählen inzwischen am Ufer, daß „er in die Hände des Unansprechbaren gefallen sei und daß er wohl für alle Zeit verloren sei". Und sie meinen es wirklich gut; denn sie wollen die anderen ja warnen, damit ihnen nichts Gleichartiges geschieht.

Da solche Dinge geschehen, wollen immer mehr Eltern ihre Kinder davon abhalten, an den Strand zu gehen; denn „da ist es zu gefährlich" sagt man, „dort wird ihren Kindern der Kopf verdreht" und und und.

So bilden sich viele Wissende. Die einen wissen, „daß Surfen dazu führt, daß man nur das Segel herausholt, um dann gemeinsam mit ihm ins Wasser zu fallen". Die anderen wissen, „daß es dazu führt, daß man abgetrieben wird" und wieder andere wissen, „daß man letzten Endes in die Hände des Unansprechbaren fällt". Aber es gibt auch Wissende, die alles über die Technik des Surfens wissen und es andere lehren, die das auch wissen wollen. Aber sie hatten es selbst nie ausprobiert. So saßen sie denn auch mit ihren Schülern nur zusammen, um ihnen alles über das Surfen zu erzählen, und hoffen, daß es nie einer ausprobieren wird. Denn dann hätten sie ja einen Schüler verloren.

Wissen allein ist auch dann nichts wert, wenn es wirklich die „Wahrheit" enthält, denn die Wahrheit kann man nicht erlernen, man muß sie erfahren. Und dann erfährt man auch, daß Wahrheit für jeden Menschen etwas anderes bedeutet. Es ist seine ganz persönliche Wahrheit, und er kann sie keinem anderen vermitteln.

Vielleicht kann man mit angewandtem Wissen Macht über andere ausüben, aber man wird doch sein eigener Sklave bleiben.

Nur wer sich auf den Weg macht, seine eigene Wahrheit zu finden, seine eigene Aufgabe anzunehmen, sich selbst zu akzeptieren und sich selbst so zu entwickeln, wie es seiner Persönlichkeitsstruktur entspricht, wird die Wahrheit erkennen und darauf vertrauen, daß er schon immer wußte, was er wissen mußte, daß er weiß, was er wissen muß, und daß er wissen wird, was er wissen muß.

Die wichtigste Erkenntnis dabei ist, daß es keine Wahrheit gibt, die man in Büchern niederschreiben könnte. Daß es keine Wahrheit gibt, die man lehren kann. Daß es keine Wahrheit gibt, die nur einige für sich gepachtet haben und an die man nur gelangt, wenn man bestimmte Riten vollzieht oder Mitgliedsanträge unterschreibt.

Die Wahrheit, die alles Wissen einschließt, was der einzelne benötigt, um seinen Weg zu gehen, ist eine persönliche Erfahrung, die jeder einzelne selbst machen muß.

Wissen ist Macht?

Ist es wirklich wichtig zu wissen, welcher Wein bei welcher Temperatur den besten Geschmack entwickelt, wenn man am liebsten Fruchtsäfte trinkt?

Ist es wirklich wichtig, zu wissen wer wen beim Tennis im letzten Daviscup geschlagen hat, wenn man lieber ein guter Freizeitangler ist?

Ist es wirklich wichtig, daß man weiß, welches Fremdwort wie ausgesprochen wird, wenn man sich lieber verständlich und einfach ausdrückt?

„Wissen Sie das etwa nicht"

Vor dieser Frage, die nur aus automatisch funktionierenden, unhöflichen programmierten Gehirnen kommen kann, scheinen wir soviel Angst zu haben, daß wir freiwillig den Kopf einziehen und unser Selbstwertgefühl unaufgefordert in den Keller stellen.

Wissen ist Macht?

Um Geld zu machen, ist es wichtiger, Kontakte knüpfen zu können, die einem die Leute zuspielen, die über das Wissen verfügen, das man gerade braucht, um beispielsweise eine Firma in Singapur zu gründen, die eine Farm in Neuseeland kauft, um sie anschließend zum Farmpark umzufunktionieren und aus 3 Mio. Dollar innerhalb eines Jahres 6 Mio. zu machen, die lediglich mit 10 statt 78 % versteuert zu werden brauchen.

Stattdessen bekommen wir noch eingetrichtert, daß dies Machenschaften und keine interessanten Geschäfte sind.

Man hat uns eingehämmert, daß der Sinn des Lebens darin besteht, einen „ordentlichen" Beruf zu erlernen und bis zum 65. Lebensjahr darin zu arbeiten. Und wir sind unkritisch und programmiert genug, das zu glauben und zuzuschauen, wie es auch unseren Kindern eingebläut wird.

Wissen ist Macht?

Wieviele Akademiker schleppen soviel Macht mit sich herum, daß sie keine Kraft mehr haben, an sich selbst zu denken und endlich das Leben zu leben, was ihnen persönlich entspricht!

Wissen ist Macht?
Wieviele wissen, daß rauchen der Gesundheit schadet und tun es trotzdem (der Autor hat bis 1974 auch täglich 40 Zigaretten geraucht)!
Wieviele wissen, daß sie eigentlich keine Tabletten nehmen sollten und tun es trotzdem!
Wieviele spüren, daß der Alkohol Konzentration kostet und trinken ihn trotzdem!

Ist Wissen Macht?

Jeder weiß, daß 333 bei Issos Keilerei war.
Wissen Sie denn wenigstens warum?

Hat man uns denn wenigsten gesagt, was man daraus hätte lernen können?
Hat das wenigstens dazu beigetragen, eine weitere Keilerei zu verhindern?
Oder hat es andere sogar animiert, ebenfalls mit ihrer Schlacht einen unsterblichen Namen zu bekommen?

Wenn wir Wissen in Persönlichkeitsmacht umwandeln wollen, dann müssen wir auch den Mut haben, uns ganz gezielt das Wissen anzueignen, was unserer Persönlichkeitsstruktur, unserer Lebensaufgabe und unserem Ziel dienlich ist und nicht nur dazu dient, uns gegenseitig das Ego zu polieren.

Wissen mag dazu dienen, nach außen den Eindruck zu vermitteln, keine Schwächen zu haben. Aber es ist noch lange keine Garantie für Macht.

Der Wert und Unwert von angesammeltem Wissen wird in der Lebenssituation entschieden, in der wir uns gerade befinden.

Und so kann es manchmal durchaus hinderlich sein, viel zu wissen, und vorteilhaft sein, „nichts" zu wissen.

Wir hetzen unsere Kinder jahrelang durch die Schule, ohne auch nur einmal über ein Lebensziel zu sprechen.

„Man kann ja nie wissen!"

Ich glaube, daß dieser Satz nicht nur für unsere Kinder, sondern auch für uns ein Energiefresser ersten Ranges war und ist.

Wie sinnvoll ist es denn, mir Wissen anzueignen, wenn ich nicht einmal weiß, was ich eigentlich will?

Es ist so, als wenn einer zuerst ein Kapitänspatent macht, bevor er sich ein Wochenendhaus am Meer baut, weil er damit rechnet, daß sein Haus bei einer Sturmflut weggespült werden könnte. „Man kann ja nie wissen!"

Was will ich eigentlich mit meinem Leben anfangen?

Was ist mir wirklich wichtig?

Welche Talente und Anlagen bringe ich mit?

Wozu kann ich mich am besten motivieren?

Wo zeige ich das stärkste Durchstehvermögen?

Wann und womit kann ich konsequent sein?

Wer besitzt schon die Antworten auf diese Fragen, und wer hat damit denn wirklich das Wissen, mit dem man etwas „Gescheites" anfangen kann?

„Lern man erst mal was, bevor Du Dir über sowas Gedanken machst!"

Interessanterweise bringen es die schwarzen Schafe einer Familie oft zu mehr als die braven und gut funktionierenden.

Wer soviel Wissen gesammelt hat, daß er für jede Möglichkeit, ein sinn- und gehaltvolles Leben zu leben, gleich fünf Antworten hat, warum es nicht funktionieren kann, der hat es wirklich geschafft, mit seinem Wissen die Macht über sein Leben seinen Lehrmeistern zu übergeben.

Wissen ist Macht, aber nicht für den, der nur das Wissen hat, sondern für denjenigen, der über das Wissen verfügt und es zielgerichtet einsetzt.

Und wir sollten lernen, wie wir derjenige selbst sein können.

EIN PAAR GRÜNDE UND HINTERGRÜNDE

„Was ist eigentlich Ihre Botschaft?", werde ich des öfteren gefragt.

Nun, ich weiß gar nicht ob ich eine neue Botschaft habe. Ich nehme einen Satz wirklich ernst, der schon einige tausend Jahre alt ist:

„... und siehe, es war sehr gut!"

Als ich noch im Journalismus tätig war, war ich nur auf der Suche nach dem, was angeblich nicht gut an dieser Schöpfung war, und entsprechend sah mein Leben aus.

„Warum meinst du eigentlich, daß die Schöpfung nicht gut ist? Du schaust dir immer nur einen kleinen Ausschnitt an und schlußfolgerst daraus für den Rest des Universums", dachte ich mir eines Tages.

Die Menschheit gibt es seit über 1 000 000 Jahren, das Universum seit 16 000 000 000 Jahren. Wir schauen uns unter dem Mikroskop der Zeit einen winzigen Ausschnitt von 10 Jahren, 10 Monaten, 10 Tagen oder sogar nur 10 Minuten an und suchen solange, bis wir etwas gefunden haben, was anscheinend nicht in Ordnung ist.

Das Universum besteht aus Milliarden von Galaxien und jede Galaxis aus Milliarden von Sonnen mit ihren Systemen. Wir schauen uns unter dem kosmischen Mikroskop nicht nur die winzige Erde, sondern sogar nur einen kleinen Teil der Erde an und suchen täglich solange, bis wir etwas gefunden haben, was anscheinend nicht in Ordnung ist.

Wer den Widerspruch sucht,
findet nur die halbe Wahrheit!

Wer die ganze Wahrheit finden will,
muß nach dem Widerspruch die Ergänzung suchen!

Seit 1973 gebe ich Seminare für Menschen, die die „Hoffnung"
aufgegeben haben, ihr Leben ändern zu können, indem sie
andere ändern. Ich vermittle ihnen, angefangen von meinem
Buch „Die Zehn Gebote für Ihren Erfolg" über „Ab heute
erfolgreich" bis zum Seminarsystem „DIE SPIELREGELN DES
ERFOLGS" oder sogar dem „Intuitions-Training" in Neuseeland
praktische Anleitungen, das eigene Leben erfolgreich zu gestalten.

Ich selbst lebe mit meiner Frau und meinem heute sechsjährigen
Sohn ein Leben, in dem wir unsere großen Ziele systematisch
verfolgen und die Lebensfreude voranstellen. Wir wohnen jetzt
in Neuseeland und haben damit eines unserer schönsten Ziele
erreicht, obwohl wir 1973 mit weniger als nichts anfingen und in
den ersten Jahren hart an uns arbeiten mußten.

„Was ist die Grundlage für Lebenserfolg?"

Nachdem ich viele prominente Persönlichkeiten interviewte und Erfahrungen mit hunderten erfolgreichen Seminarteilnehmern gesammelt habe, kann ich es so zusammenfassen:

Die Welt ist so, wie sie heute ist, für heute in Ordnung.

Ich bin, so wie ich heute bin, ein Teil der Welt und für heute in Ordnung.

Jeder andere hat, genauso wie ich, seine heutige Aufgabe zu erfüllen und ist für heute in Ordnung. Und da die Welt auch morgen in Ordnung ist, sich aber geändert hat, werden wir uns ändern, um für unsere morgige Aufgabe wieder in Ordnung zu sein.

Wir haben die Wahl, uns die Aufgabe zu suchen, die wir übernehmen wollen und wir bekommen nur die Aufgabe, die wir aufgrund unserer Fähigkeiten übernehmen auch können.

Je fähiger wir werden, je ethischer unsere Motive sind, um so angenehmere Aufgaben dürfen wir erfüllen, was sich in innerer Harmonie und märchenhafter Freiheit auszahlt.

Nachdem ich das Manuskript dieses Buches einigen Seminarteilnehmern vorlas, erhielt ich spontan viele Angebote, die
Produktion dieses Buches zu unterstützen. Ich bin besonders
dankbar dafür. Sie werden Ihnen hier mitteilen, warum sie sich
dazu entschlossen haben:

Franz Bauriedl,

HMI-Direktionsrepräsentant, 8100 Garmisch-Partenkirchen

Wenn für uns Menschen wirklich etwas wichtig ist, dann ist es die Liebe und die Freiheit unserer Gedanken. Sobald wir erkennen, daß wir mit unseren Gedanken die Ursache für unser zukünftiges Leben setzen, sind wir auch bereit, hier und jetzt etwas dafür zu tun. Deshalb ist es für mich eine schöne Aufgabe, mit meiner Firma die finanzielle Zukunft meiner Kunden zu gewährleisten.

Edmund Decker,

Geschäftsführer der nordklima GmbH, 2842 Lohne

Ich habe erlebt, wie enorm die Leistungsfähigkeit ansteigt, wenn wir an große Aufgaben glauben können. Und wer sich seinen Möglichkeiten entsprechend hohe Ziele steckt, die der Menschheit dienen, kommt mit sich selbst in Harmonie und findet zu innerem Frieden. Hier sehe ich die Möglichkeit für uns alle, unseren kleinen Beitrag für den Frieden der Menschheit zu leisten. Ich lebe heute jeden Augenblick bewußt und bin dankbar, diese Thematik auch anderen vermitteln zu können.

Anne Hollwöger und Wolfgang Seils,
Erfolgstrainer, 8137 Berg-Bachhausen

Diese Thematik hat auch uns neue großartige Erkenntnisse und Erfolge gebracht. Wir unterstützen dieses Buch, weil wir über unsere berufliche Tätigkeit hinaus dazu beitragen wollen, daß möglichst viele Menschen den richtigen Impuls erhalten, um ihr Leben selbst nach ihren eigenen Vorstellungen zu gestalten.

Rolf Leube,
Vermögensberater der GBE, 7800 Freiburg

Mit mir und meiner Umwelt in Harmonie, frei von Schuldgefühlen sowie ethischen Grundsätzen folgend zu leben und trotzdem hohe Ziele zu erreichen, kommt vielen vor wie ein Märchen. Sobald wir jedoch unserer inneren Führung folgen, anstatt nur immer wieder unser Ego zu befriedigen, erhalten wir die Möglichkeit, auch andere zu bereichern. Ich sehe meine Aufgabe darin vorzuleben, wie wir unser Leben selbst gestalten können.

Gitta und Albert Müller,
Hi-Fi-Händler, 5000 Köln

Seit meiner Kindheit fühle ich mich eng mit der Schöpfung verbunden und bekam bestätigt, daß ich mit diesem Feeling nicht allein bin. Dies verstärkte meine innere Sicherheit zu einem tiefen Selbstvertrauen, was sich im Umgang mit meinen Mitmenschen sehr angenehm auswirkt. Heute sind Verkaufsgespräche mehr für mich. Es ist jedesmal ein neues Erlebnis des ausgeglichenen Gebens und Nehmens.

Holger Seidel,

Geschäftsführer, 8221 Grabenstätt

Die wichtigste Erkenntnis war für mich, die Verantwortung für mein Leben zu übernehmen, um es frei und unabhängig selbst zu bestimmen. Die konsequente Anwendung brachte mir Ausgeglichenheit und Zielklarheit. Ich habe erlebt, wie ich immer mehr Macht über mein Leben bekam, und möchte nun auch anderen die Möglichkeit geben, diese Chance zu nutzen. Denn ich meine, daß es unsere wichtigste Aufgabe ist, einen eigenen Beitrag zu leisten, unseren Planeten für alle lebenswert zu gestalten. Mein Tel.-Service für Sie: 08661/658.

Eberhard Ankele,

Aral-Vertretung, 7410 Reutlingen

Wer sein Ziel liebt, dem gibt es auch die Kraft, es zu erreichen. Ich wünsche den Lesern viel Glück und Erfolg und würde mich auf ein Echo freuen!

Bernd Breithaupt,

Versicherungskaufmann, 7600 Offenburg

Seitdem ich mich mit dieser Thematik beschäftige, hat sich mein ganzes Leben entscheidend positiv verändert. Dankbar für diese Entwicklung hoffe ich, daß dies für Sie ein Wegweiser in Ihre ganz persönliche „märchenhafte Freiheit" sein wird. Ich wünsche es allen Lesern von Herzen!

Gerd Büttner,

Finanzkaufmann, 8568 Simmelsdorf

Da ich viel mit Menschen zu tun habe, ist es besonders wichtig für mich, mich auf andere einstellen zu können. Ich habe mit dieser Thematik erfahren, wie ich Ratio und Gefühl in Einklang bringen und somit meine inneren Kräfte aktivieren und auch zum Vorteil meiner Kunden einsetzen kann.

Dieter Frantzen und Andre Gerhard,
G.I.T. Superlearning-Seminare, Bergisch Gladbach
Pallas-Märchen durchbrechen die Scheinwelt und bestärken uns im Mut für die Zukunft durch den Glauben an eine „gute neue Zeit". Jedem, der bereit ist, Verantwortung für sich selbst zu übernehmen, wird hier ganz deutlich, daß er seine Ideen schrittweise auf ganz natürlichem Weg verwirklichen kann. Auch wir fördern es, die Ganzheitlichkeit des Universums im Menschen wiederzuentdecken.

Christoph Hecklau,
Finanzmakler der GBE, 7800 Freiburg
Ich wünsche mir eine große Leserzahl für dieses Buch; denn die Zeit wird reif für die Entwicklung eines umfassenden Menschheitsbewußtseins. Um mich und andere weiterzubringen, arbeite ich an dieser Thematik und sehe darin auch meine Aufgabe. Es kommt nicht darauf an, wer oder was du bist, sondern was du daraus machst, an jedem Tag neu.

Günther Keppeler,
Anlageberatungen, 4040 Neuss 1
Aufgrund einer jahrelangen intensiven Auseinandersetzung mit dieser Thematik habe ich erkannt, daß geistiges Wachstum die Grundlage eines bewußten und sinnvollen Lebens ist. Deshalb möchte ich meine Mitmenschen auf diese Denkweise aufmerksam machen, die ich als meine Geschäftsphilosophie so formuliere: Mit Freude meinen Kunden den größtmöglichen Vorteil erwirtschaften.

Kai-Uwe Kienzl und Uwe Ramerth,

TKW Gebäudereinigung, 6090 Rüsselsheim

Wir sind seit 18 Monaten in einer Branche, in der der logisch denkende Mensch sagt: „Hier ist nichts mehr machbar!" Nachdem wir im Rhein-Main-Gebiet in den ersten eineinhalb Jahren gezeigt haben, daß noch vieles machbar ist und Erfolg auf der ganzen Linie haben, obwohl die Branche für uns fremd war, erlebten wir, daß diese Prinzipien generelle Gültigkeit haben. Wir wollen uns dies in Kürze auch in München beweisen und mit der Förderung dieses Buches unseren Kunden mehr geben als nur eine Dienstleistung.

Gustav Lauser,

Gustav Lauser GmbH, Stuttgart-Vaihingen

Seitdem ich meine Zeit nicht mehr damit vertrödele, in der Vergangenheit herumzustochern, und meine Gedanken nach vorn richte, erkenne ich nicht nur den Sinn meines Tuns, sondern lebe ein lebenswertes Leben. Mein Telefon-Service für Sie: 0711/7880034.

Walter Notter,

Orient-Teppich-Fachberater, CH-5630 Muri

Oft erkennen wir sie nicht. Sie umgeben uns, und wir nehmen sie nicht wahr. Wir lassen sie verstreichen – die Schlüssel zu Glück und Erfolg. Wenn wir sie benutzen, mit Entschlußkraft angehen und mit aller erforderlichen Energie umsetzen, sind sie wertvolle Bausteine auf dem Weg zu einem erfüllten Leben. Sie halten nun sieben Schlüssel für märchenhafte Freiheit in den Händen. Mögen Sie Ihnen das geben, was Sie gerade heute gut gebrauchen können.

Adelheid und Hubert Messer,

Manager, 6070 Langen

Wir wünschen uns, daß dieses Buch eine große Verbreitung findet und möglichst viele Leser zu neuem Denken und Handeln veranlaßt.

Christine und Josef Ott,

balans-center, 7412 Eningen/Reutl.

Wir beschäftigen uns mit Ergonomie und wollen dem Menschen das Sitzen und Arbeiten mehr nach den natürlichen Bedürfnissen des Körpers ermöglichen. Das Buch fördern wir, weil es viele Antworten auf die natürlichen Bedürfnisse, Situationen und Fragen des Alltags gibt. Wir haben erkannt, daß wir unser Leben selbstverantwortlich gestalten können, und das macht uns frei.

Ulrich Semle,

Anlageberater, 7322 Donzdorf

Im Alter von 19 Jahren habe ich mich beruflich und persönlich auf die eigenen Beine gestellt. Es ging bergauf und -ab. Seitdem ich mich jedoch mit dieser Thematik beschäftige, kann ich heute, drei Jahre später, im Alter von 25 bereits sagen, daß ich ein in jeder Hinsicht sinn- und gehaltvolles Leben führe. Mit der Förderung dieses Buches und dem Telefon-Service unter 07162/21076 möchte ich auch anderen diese Gesetzmäßigkeiten weitergeben.

Robert E. Weinmann,

PALLAS-Seminare Schweiz, CH-8712 Stäfa

Seit der Lektüre dieses Manuskriptes denke, fühle und lebe ich bewußter. Ich sehe klar, was für mich wichtig oder unwichtig ist und weiß daher, was in meinem Leben eintreten soll. Da mir diese Erkenntnisse auch im Beruf von großem Nutzen sind, möchte ich auch viele andere Menschen daran teilhaben lassen. Mein Service für Sie: 01-9262535.

Franz Klaffenböck,
Direktor der IBV-Vers.-Dienst, 8700 Würzburg

Dieses Buch entspricht unserem Zeitalter eines „neuen Bewußtseins". Es zeigt nicht nur die prekären und primären Probleme auf, sondern auch deren Lösungsmöglichkeiten. IBV steht für Informieren, beraten und vermitteln. Deshalb fördere ich dieses Buch, um es vielen nahezubringen.

Gerti und Waldemar F. Trippen,
Computer-Schankanlagen, 8221 Siegsdorf

Es hört sich sicher gut an, wenn ich sage, daß ich meinen Umsatz verzehnfacht habe, seitdem ich mich mit dieser Thematik beschäftige. Aber was für mich viel wichtiger ist, daß ich von innen nach außen lebe, ruhiger und überlegener agiere – ja, fast über den Dingen stehe. Ich habe viel für meine Persönlichkeit getan und möchte jetzt einen Beitrag für meine harmonische Umwelt leisten.

Kontakt-Adressen:
PALLAS-Seminare Deutschland
D-8137 Berg 2, Eichelbreite 15, Tel.: 08151/50233

PALLAS-Seminare Schweiz
CH-8712 Stäfa, Tödistraße 8, Tel.: 01-9263124

PALLAS-Seminare Neuseeland
Pauanui beach via Thames

„Warum meinst du eigentlich, daß die Schöpfung nicht gut ist, nur weil du dir stets einen Ausschnitt ansiehst, anstatt die Gesamtheit zu betrachten?"

Wir sehen uns von Jahrmillionen stets nur ein paar Jahre, ein paar Monate, ein paar Wochen, ein paar Tage oder sogar nur ein paar Stunden an und schimpfen über die mißratene Schöpfung. Wir schauen uns von der großen Erde jeden Tag nur die Schauplätze an, an denen es etwas zu kritisieren gibt und machen der Schöpfung Vorwürfe.

Seitdem ich damit aufgehört habe zu kritisieren und zu verdammen und dankbar für das bin, was ich gerade habe und was gerade ist,

erlebe ich diese „märchenhafte Freiheit" . . .

IHR PROGRAMM ZUR SELBSTHILFE

Alfred R. Stielau-Pallas **MÄRCHENHAFTE FREIHEIT**

Dieses Buch entlarvt radikal und einleuchtend alle Märchen, die unser Fortkommen behindern. Dadurch eröffnet es Ihnen eine neue märchenhafte Welt: eine Welt der Freiheit und Unabhängigkeit von Haß, Neid, Krieg, Zerstörung. Denn all das haben wir auf unserer Erde in Jahrhunderten angesammelt wie auf einem riesigen Schrottplatz, und dazu noch Gefahren, die die Natur, die Menschheit, ja unseren Planeten bedrohen. Hilft uns die Frage »Wer hat schuld«? Vielleicht hilft uns die Antwort »Keiner! Es gibt keine Schuldigen!« Denn es geht nicht um Schuld, sondern darum, daß etwas getan wird. Jeder von uns hat selbst Verantwortung.

Der Autor zeigt, wie jeder sich freimachen kann von den ihm eingebleuten Märchen über Konkurrenz, Wissen, Macht, die »gute alte Zeit«, und so sich selbst zum Erfolg und zu einem lebenswerten Leben verhelfen kann. Der Autor widmet sich seit über einem Dutzend Jahren erfolgspsychologischen Studien, wurde durch mehrere erfolgreiche Bücher bekannt, und seine Seminare werden von Erfolgreichen besucht, die noch erfolgreicher werden möchten. TB, 123 Seiten.

Alfred R. Stielau-Pallas **DIE SPIELREGELN DES ERFOLGS**

»Was verstehen Sie unter Erfolg?«
»Was braucht man, um das zu erreichen?«

Diese beiden Fragen hat A. Stielau-Pallas Tausenden von Menschen gestellt. Auch in seinen Interviews mit erfolgreichen Persönlichkeiten hat er über 10 Jahre lang systematisch die Grundlagen des Erfolgs analysiert.

Die Antworten waren verblüffend, denn Erfolg ist keine Sache von Privilegierten, sondern systematisch trainierbar. Die einzige Voraussetzung für ein sinn- und gehaltvolles Leben scheint nur die Erkenntnis zu sein:

»Das kann doch noch nicht alles gewesen sein!?«

»DIE SPIELREGELN DES ERFOLGS« werden seit 1983 in über 10 Städten des deutschsprachigen Raumes durchgeführt. Sie beinhalten alles, was für Ihren persönlichen und geschäftlichen Lebenserfolg notwendig ist. Das PALLAS-Forum ist monatlicher Treffpunkt erfolgsorientierter Menschen und offen für alle Teilnehmer an diesem Seminar-Programm.

Sie können per Video- oder Tonband-Kassette an einem Vortrag von Alfred Stielau-Pallas teilhaben, in dem er Ihnen »DIE SPIELREGELN DES ERFOLGS« vorstellt und Ihnen erläutert, wie Sie mit diesem Programm Ihr Leben in die von Ihnen gewünschte Richtung lenken.

Fordern Sie bitte weitere Informationen bei uns an.

Verlangen Sie das Gesamtprogramm beim
Verlag Peter Erd, Gaißacherstraße 18, Postfach 75 09 80,
8000 München 75; Telefon (089) 7 25 01 26

IHR PROGRAMM ZUR SELBSTHILFE

Alfred R. Stielau-Pallas
Rosemarie Ernsting

NATÜRLICHE SCHÖNHEIT UND ANMUT
(2 Suggestionskassetten)

Dieses Programm hat größere Wirkung als alle Kosmetika und kostet einen Bruchteil des dafür ausgegebenen Geldes. In diesen Kassetten steckt das Geheimnis, wie Sie sich Ihre verführerische Schönheit bewahren. Es braucht ja sonst keiner zu erfahren! Genauso wie niemand erfahren wird, wie alt Sie sind.

Gesprochen hat die Kassetten die Schauspielerin Rosemarie Ernsting, der auch die Tips für die Schönheit auf der ersten Kassette zu verdanken sind. Alfred Stielau-Pallas hat auf der zweiten Kassette ein Suggestionsprogramm entworfen, mit dem Sie sich jeden Tag eine halbe Stunde erholsame Ruhe gönnen können, die Ihre natürliche Anmut und Schönheit weckt. In einer gesunden Tiefenentspannung nehmen Sie neues Selbstwertgefühl, einen glücklichen Ausdruck und strahlende Schönheit an. Schönheit liegt eben nicht im Auge des Beschauers, sondern kommt von innen. 2 × 30 Minuten Laufzeit.

Christian Zweiacher

ATLANTIS MIND
(1 Musikmeditationskassette)

Diese Kassette ist nicht umsonst der Geheimtip der Insider fernab der Hitlisten. Die Musik ist wahrhaft himmlisch, wie nicht von dieser Welt. Kein Wunder, denn Christian Zweiacher, ein genialer junger Musiker aus der Schweiz, komponierte sie in meditativem Zustand. Sie erinnert mehr an kosmische Weiten als alles, was man bisher auf dem Synthesizer hörte.

Sie versetzt Sie in Schwingungen, inspiriert und erhebt Sie. Sie führt Sie zu Ihrem inneren wirklichen Selbst, das die meisten Menschen noch nie in ihrem Leben berührt haben. Von diesem innersten Selbst erhalten Sie Ihre Lebenskraft und Energie, Ihre Fähigkeiten und Talente. Diese Musik hilft Ihnen mehr, die Persönlichkeit zu werden, die Sie sein könnten, als alles, was man darüber »wissen« kann.

2 × ca. 18 Minuten Laufzeit.

Dr. Joseph Murphy

FINDE DEIN HÖHERES SELBST
Lebe dein wahres Ich

Kennen Sie ein Buch, in dem alle Probleme enthalten sind, die Menschen je hatten? Dieses Buch wäre wie Balsam auf alle Wunden. Hier ist es! Es gibt Ihnen ein Mittel in die Hand, mit dem Sie alle Probleme und Schwierigkeiten überwinden können. Das Mittel ist so alt wie die Menschheit. Neu von Murphy ist die Art, wie wir es anwenden.

Man könnte sie als Esoterik des Altertums bezeichnen – die Psalmen. Oder als Gesänge der Seele und des Herzens. Heute rinnen uns alle Werte durch die Finger wie Sand. Alles, was Halt zu bieten schien, zerbröckelt. Diese alten Zeilen aber haben die Jahrtausende voll gültig überdauert. Uns Heutigen sind sie dank Murphy wieder neu. Du, sie, er, wir alle finden uns dort wieder, finden unser wahres Selbst, fühlen uns geborgen. Für jeden gibt es Zeiten, in denen dieses Buch sein kostbarster Schatz ist . . .

ca. 250 Seiten.

Verlangen Sie das Gesamtprogramm beim
**Verlag Peter Erd, Gaißacherstraße 18, Postfach 75 09 80,
8000 München 75; Telefon (089) 7 25 01 26**

IHR PROGRAMM ZUR SELBSTHILFE

Claude M. Bristol

DIE MACHT DES GLAUBENS
Wirksame Techniken, um seine
Ziele zu erreichen

Weltweit ein Millionenseller!

Setz dir ein Ziel und erreiche es! Durch die Kraft deines Glaubens. Setz deine Energien frei und erreiche alles, was du dir wünschst! – Aber wie gelange ich dorthin, werden Sie fragen.

Claude Bristol verrät es Ihnen in diesem Buch. Das Buch enthält alle Techniken, um Ihre Überzeugung zu stärken, gleich ob Sie beruflich aufsteigen oder sich finanziell verbessern möchten, ob Sie Ihr Privatleben harmonisieren oder Ihre Gesundheit stärken wollen. Jeder gelangt durch dieses Buch einen Schritt weiter. Dann jedem, der sich damit abgefunden hat, daß Wünsche auch Wünsche bleiben, geht bei der Lektüre ein Licht auf. Bristol zeigt nicht nur, sondern beweist anhand von Fällen, wie Glaube zur Wirklichkeit wird.

ca. 265 Seiten.

Terry Cole-Whittaker

TRÄUME WERDEN WAHR

Wer hat nicht oft das Gefühl, alles schon viel zu lange so hingenommen zu haben, wie es ist. Dieses Buch macht Schluß mit Konflikt und Selbstmitleid. Es führt Sie auf neue Höhen – und das mitten in Ihrem Alltag. Terry selbst hat die Erfahrung gemacht, zu welch phänomenaler Größe man in seinem Leben gelangen kann. Sie entdeckte die Kräfte, die jeder in sich trägt. Warum sie also nicht nutzen? Alles ist greifbar. Hier erfahren Sie alles Notwendige, wie Liebe und Freundschaft funktionieren, was für Energien fließen, welche Rolle Leidenschaft und Engagement spielen, wie Wohlstand entsteht und worauf Glück beruht... Sie können und wollen sofort anfangen. Nie wieder bietet sich eine günstigere Gelegenheit!

ca. 282 Seiten.

Sondra Ray

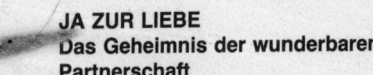

JA ZUR LIEBE
Das Geheimnis der wunderbaren
Partnerschaft

Endlich gibt es eine Alternative zu Trennung, Schmerz, Einsamkeit, Verzweiflung! Mit Sondra Rays Buch kann jeder den Kreislauf um Mißverständnis und Trennung durchbrechen. Partnerschaften brauchen nicht zu zerbrechen, wenn wir eines begriffen haben – die Liebe. Denn bevor wir sie haben wollen, müssen wir sie kennen.

Dieses Buch sagt uns, wie sie aussieht, wo sie am nötigsten ist, in welche Ecken sie sich oft verkriecht. Vor Sondra Ray konnten wir nicht wissen, was uns alles blockiert, wirklich JA zu sagen zur Liebe. Nach diesem JA ZUR LIEBE sind sogar schwierigste Beziehungen leicht in den Griff zu bekommen. Jede Ehe ist zu retten. Alle Freundschaften gewinnen an Sinn und Tiefe. Ihr Leben schäumt vor Lebensfreude, Ihre Zweisamkeit wird glücklich und tief befriedigend.

ca. 276 Seiten.

Verlangen Sie das Gesamtprogramm beim
**Verlag Peter Erd, Gaißacherstraße 18, Postfach 75 09 80,
8000 München 75, Telefon (089) 7 25 01 26**

IHR PROGRAMM ZUR SELBSTHILFE